LOS SUEÑOS, MENSAJES DESDE EL INCONSCIENTE

Pequeña guía para una comprensión psicológica

Los sueños, mensajes desde el inconsciente

Colección: Osho Classics

Título original:
   Dreams – Glimpses of the Unconscious

© 1978. Osho International Foundation www.osho.com/copyrights

© De la traducción, Osho International Foundation

© 2026. De esta edición, Ordinal LLC

El material de este libro es una transcripción de varias confe-
rencias que dio Osho en público. Todos los textos de Osho han
sido publicados íntegramente en inglés y también están dispo-
nibles las grabaciones originales en audio. Ambas se pueden
encontrar on-line en la biblioteca de la www.osho.com.

D.R. © 2026, derechos de edición en español | Ordinal LLC

Ordinal LLC – USA
www.ordinalbooks.com

Diseño de portada: Manuel Hernández
Diseño de interiores: Janduy Barreto
Cuidado de la edición: Yeana González
Daniella Gama | Karla Hernández

D.R. © Ordinal LLC

OSHO® es una marca registrada de Osho International Foundation
www.osho.com/trademarks

ISBN: 978-1-972050-04-0

LOS SUEÑOS, MENSAJES DESDE EL INCONSCIENTE

Pequeña guía para una comprensión psicológica

CONTENIDO

Prólogo 7

Mensajes del inconsciente 8

El juego del escondite.
¿Por qué no recordamos nuestros sueños? 9

Soñar, ¿necesidad o neurosis? 13

Limitaciones del enfoque psicoanalítico 17

Sueños, ilusiones y visiones 21

Permanecer vigilantes al dormir:
una senda hacia lo eterno 27

Dimensiones esotéricas del sueño 29

Experimentos con los sueños 42

Un método tibetano 43

¿Es real? 45

Una técnica de Atisha 47

Permanece alerta durante el día 50

Recuerda: no juzgues 52

Respuestas a las preguntas 55

Acerca del autor 64

Acerca del Osho International
Meditation Resort 65

Prólogo

Soñar no es simplemente soñar, es algo relevante, importante. No puedes soñar sin causa alguna, incluso los sueños tienen una causalidad. Son significativos, revelan algo de ti. De hecho, revelan mucho más de ti que cualquier cosa que hagas mientras estés despierto. Cuando estás despierto puedes engañarte a ti mismo y a los demás, pero no puedes engañar en tus sueños. Los sueños son más inocentes porque todavía no hemos descubierto la manera de pulirlos, de usar máscaras en ellos. Los sueños siguen estando desnudos, siguen siendo reales, auténticos; muestran tu verdadero rostro de una forma mucho más veraz que cualquier otro rostro que puedas mostrar cuando estás despierto. Ocurre algo paradójico, el sueño se convierte en algo mucho más real que cualquier cosa que consideres real porque no lo puedes manipular, no lo puedes controlar; sencillamente, no puedes hacer nada. Los sueños ocurren, no hay nada que tú puedas hacer. Tú no eres el hacedor, sólo puedes ser un espectador. De modo sutil, eres totalmente impotente, y como consecuencia de esa impotencia, el sueño se vuelve más real, más auténtico, y revela muchas cosas acerca de tu mente. Vale la pena saber algo más acerca de los sueños, vale la pena investigar.

Mensajes del inconsciente

Los caminos de la mente son muy sutiles. Todos sus sueños, sus fantasías y sus ficciones apuntan hacia algo que es real, y dado que señalan a lo real, ellos mismos alcanzan cierta realidad propia.

Por eso los sueños son tan importantes para el psicoanálisis. Todo el movimiento del psicoanálisis se basa en la interpretación de los sueños. Cuando se interpreta correctamente, el sueño supone la manera que tiene el inconsciente para decirle algo a tu mente consciente. Sin embargo, el inconsciente desconoce cualquier tipo de lenguaje, habla en imágenes.

El inconsciente como los niños pequeños; pueden entender las imágenes, por eso sus libros están llenos de imágenes, imágenes coloreadas, grandes imágenes. A medida que crecen, estas imágenes se van haciendo más pequeñas; cuando llegan a la universidad, las imágenes desaparecen y sólo quedan las palabras.

Lo mismo ocurre con el inconsciente. El inconsciente sigue siendo un niño pequeño. La consciencia está adiestrada, ha comenzado a hablar un lenguaje, se ha vuelto capaz de racionalizar, de seguir una lógica. Sin embargo, el inconsciente carece de lenguaje, de lógica; sólo tiene imágenes, sueños, visiones. Son más importantes que las cosas que piensas porque tu pensamiento es superficial, no profundiza mucho. En su mayor parte lo has tomado prestado de los libros, de otras personas, del mundo que te rodea. En realidad, tu pensamiento no es tuyo, pero, sin duda, tus sueños son tuyos, no son prestados. Reflejan de forma más auténtica tu ser, tus anhelos. Sin embargo, has olvidado el lenguaje de los sueños en lo que se refiere a tu mente consciente. Has olvidado el lenguaje, la simbología, así que te limitas a apartarlos de tu mente como meros sueños, pero ésta no es una actitud muy inteligente. Deberías tomarte tus sueños con más seriedad que tus pensamientos. Deberías observarlos desde todos los ángulos, desde todas las dimensiones.

El juego del escondite. ¿Por qué no recordamos nuestros sueños?

Hay muy pocas personas que recuerden sus sueños. ¿Por qué? Es una experiencia muy colorida, y has estado toda la noche soñando. Has estado soñando al menos durante seis de las ocho que has estado durmiendo. Y estoy hablando de personas *normales*, que no existen. ¿Qué hay de las que no son normales? ¡Son capaces de soñar dieciséis horas en ocho horas de sueño! Pueden soñar muchos sueños a la vez, con sueños que se superponen unos a otros, un sueño encima de otro y de otro y de otro. Pueden tener cada sueño, por ejemplo, puedes soñar que vas al cine, y que en la película te ves a ti mismo como alguien que se va a dormir, se queda dormido, y empieza a soñar que va al cine. Y así hasta donde quieras; sueños dentro de sueños dentro de sueños.

No estoy hablando de personas excepcionales; incluso las personas normales, muy normales, sueñan seis horas cada noche. En realidad es la actividad que más haces. No hay otra cosa que hagas todos los días durante seis horas.

¡Seis horas seguidas soñando! Sin embargo, por la mañana te has olvidado de todo, o sólo te acuerdas durante unos segundos; al principio, durante cuatro o cinco segundos, te acuerdas de algunas cosas, de algunos fragmentos, que poco después, cuando estés desayunando, ya habrán desaparecido.

El inconsciente se esfuerza durante seis horas cada noche en decirte lo que estás haciendo con tu vida, pero tú no lo escuchas.

Una de las leyes fundamentales de la vida es ésta: aquello que ocultas, seguirá creciendo, y aquello que muestres, si es algo erróneo, desaparecerá, se evaporará bajo la luz de sol y, si es correcto, se nutrirá. Cuando ocultas algo ocurre justo todo lo contrario: lo correcto comienza a morir porque no lo estás alimentando. Necesita del viento, de la lluvia y del sol. Necesita tener toda la naturaleza a su disposición. Sólo puede crecer con la verdad, se alimenta de verdad. Deja de alimentarlo y comenzará a adelgazar cada vez más.

La gente mata de hambre a su realidad y ceba a su irrealidad. Tus rostros irreales se alimentan con mentiras, por eso tienes que estar inventando mentiras continuamente. Para sostener una mentira, tendrás que mentir cien veces más porque la mentira sólo se puede sostener con mentiras mayores. De modo que cuando te ocultas detrás de alguna máscara, lo real empieza a morir y lo irreal empieza a crecer, engorda cada vez más. Si te expones a ti mismo, lo irreal morirá, está destinado a morir porque lo irreal no puede permanecer expuesto. Sólo puede permanecer en secreto, sólo puede permanecer en la oscuridad, sólo puede permanecer en los túneles de tu inconsciente. Si lo llevas a la consciencia, comenzará a evaporarse.

En eso radica el secreto del éxito del psicoanálisis. Es un secreto muy sencillo, pero es el único secreto que tiene: el psicoanálisis te ayuda a sacar al nivel de la consciencia todo aquello que está en tu inconsciente, en los oscuros reinos de tu ser. Lo saca a la superficie donde tú lo puedas ver, donde los demás lo puedan ver. ¡Entonces ocurre un milagro! El mero hecho de que tú lo veas supone el inicio de su muerte. Y si puedes exponerlo ante otra persona —eso es lo que haces en el psicoanálisis, te expones a ti mismo ante otra persona—, aunque únicamente lo expongas ante una sola persona, podrá provocar grandes cambios en tu ser. Sin embargo, exponerte a ti mismo ante un psicoanalista es algo limitado: te has expuesto sólo a una persona, en completa privacidad, con la condición de que él no lo vaya a hacer público. Esto es algo que forma parte de la profesión del médico, del psicoanalista, del terapeuta, forma parte del juramento que hizo, que no se lo diría a nadie, que lo mantendría en secreto. De modo que es una exposición muy limitada, pero a pesar de ello, ayuda. Es una exposición profesional, tienes que pagar por ella; pero a pesar de ello, ayuda.

Todavía no ha habido en el mundo un caso de psicoanálisis total, de proceso completo, terminado, finito; no, todavía no. Ni siquiera los psicoanalistas han sido completamente psicoanalizados porque la propia exposición es muy limitada y con ciertas condiciones. No obstante, a pesar de ello, ayuda, ayuda muchísimo a desahogarse.

Los sueños son un producto del deseo: por la noche sueñas con aquello que deseas durante el día. El sueño es una resaca: algo que ha quedado incompleto durante el día y que necesita ser completado. La mente es una perfeccionista, quiere intentar completar las cosas por todos los medios.

Cuando estabas de camino, viste un restaurante muy bonito, pero tenías prisa. Ibas a trabajar, y no te podías parar e ir al restaurante, pero el olor de la comida era increíble. Querías ir, pero no podías. Soñarás con el restaurante; tendrás que soñar con él para completar todo el proceso, para que desaparezca y deje de acosarte. Tus sueños te reflejan. ¿A quién si no van a reflejar? Tus sueños son claves; a través de tus sueños se pueden saber muchas cosas de ti. Todo el proceso del psicoanálisis depende de tus sueños para encontrar las claves. Cuando estás despierto, no eres digno de confianza, lo que dices acerca de ti mismo es engañoso. En tus sueños eres más inocente porque no hay nadie que te controle ni que te reprima. La consciencia está profundamente dormida, ha desaparecido la moralidad; eres más natural, más normal. En tus sueños eres más puro. De ahí que el psicoanálisis tenga que depender de tus sueños, y a través de ellos llegue a conclusiones sobre ti.

Es una situación muy triste. Demuestra que no se puede confiar en ti en absoluto porque dices una cosa y eres todo lo contrario. No es que intentes engañar a nadie deliberadamente, el engaño casi se ha convertido en tu segunda naturaleza. Por eso te olvidas inmediatamente de tus sueños; es una estrategia de la mente. A los cinco segundos de despertar, cuando despiertas, queda un pequeño poso en la memoria, sólo unos pequeños fragmentos, las últimas partes de tus sueños. Sin embargo, al cabo de cinco segundos han desaparecido. Cuando te levantas ya han desaparecido todos tus sueños, te has olvidado de ellos. A menos que hagas un esfuerzo muy consciente serás incapaz de recordarlos. Es una estrategia de la mente; simplemente cierra la puerta, porque tus sueños te pueden resultar una molestia.

Si llegas a saber que en tus sueños mataste a tu padre, esto supondrá un gran peso para ti, te sentirás culpable. Si eres una persona muy moralista y puritana y ves que en tus sueños te escapaste con la mujer del vecino, y que lo disfrutaste, te sentirás preocupado. Empezarás a dudar de tu moralidad, de tu pureza. Planeará sobre tu cabeza como una nube oscura.

La mente simplemente te separa de tus sueños. Ha creado dos tipos de mundo: uno, el mundo de los sueños, totalmente separado, y otro, el denominado «mundo de la vigilia», completamente separado también. Vives en compartimentos estancados. Cuando te sumerges en el sueño, te olvidas completamente de tu vigilia; cuando despiertas, te olvidas completamente de tus sueños.

Un buda está despierto incluso cuando está dormido. No tiene compartimentos en su ser. No es muchos, es uno. Al ser uno y al no estar apegado a las memorias y a los anhelos de futuro, el presente le basta, por eso vive cada momento en su totalidad; no sigue viviendo parcialmente. Lo único que muestran tus sueños es que vives parcialmente y tienes que vivir en tus sueños las partes no vividas. Si vives cada momento en su totalidad, no hay sueño posible.

Soñar, ¿necesidad o neurosis?

Durante siglos se pensó que los sueños eran inútiles, que eran una alteración nocturna. Se consideraba un objetivo saludable tener una noche sin sueños. Durante miles de años, el yoga ha estado enseñando que la noche sin sueños es la experiencia más maravillosa, pero lo que hemos descubierto recientemente rebate completamente esta idea. Puedes eliminar tus momentos de descanso sin sueños sin hacer daño a nadie, pero no puedes eliminar tus sueños. Si duermes ocho horas, durante al menos dos horas —en fragmentos, durante un total de dos horas— dormirás sin sueños, y dormirás las otras seis horas con sueños. Esto es algo que hoy en día sabemos ya que se ha experimentado. Hay instrumentos que indican si una persona está soñando o no. Incluso puedes saberlo inmediatamente sin necesidad de ningún instrumento, con sólo observar los párpados de las personas. Si bajo los párpados se percibe el movimiento del ojo quiere decir que esa persona está soñando porque está viendo cosas, hay movimiento. Si los ojos están estáticos, inmóviles, y los párpados no reflejan el movimiento, significa que los sueños han cesado. No hace falta ningún instrumento sofisticado, pero ahora contamos con instrumentos que pueden elaborar gráficos que indican cuándo la persona está soñando y cuándo no lo está, como un cardiograma.

Hay investigadores que han realizado experimentos en los que molestaban a las personas dormidas cuando estaban soñando; en cuanto empezaban a soñar los despertaban, y sólo les permitían dormir esas dos horas sin sueños. Por la mañana, esas personas se sentían completamente agotadas, sin energía, prácticamente sin ganas de vivir. Era curioso porque todas las antiguas escuelas de yoga y de otras disciplinas de India, del

Tíbet, de China —escuelas diferentes y personas diferentes sin conexión unas con otras— han estado diciendo siempre: «Si puedes dormir dos horas sin sueños, eso será suficiente para rejuvenecerte». Se ha descubierto que esto no es cierto.

Si, por otra parte, molestas a las personas en esas dos horas en que no están durmiendo, y les permites que tengan sus seis horas de sueños, por la mañana se levantan frescos, tiernos, rejuvenecidos, llenos de savia y de vida, y con ganas de vivir.

Cuando se descubrió esto por primera vez, resultó impactante. Los sueños son completamente necesarios para estas personas, ¿por qué? No han sido capaces de descubrir la razón. Nunca serán capaces porque la razón, sólo se puede encontrar a través de la profunda meditación, no hay otra manera de encontrarla. No serán capaces de encontrarla por medio de experimentos psicológicos.

A través de la meditación ocurre algo en lo que no hay sueños, en lo que no hay descanso. Ninguna de las dos cosas están ahí, ni el sueño ni el descanso. Estás completamente despierto. El cuerpo está profundamente dormido, en total descanso, pero tu consciencia, está completamente despejada. No está dormida; dentro, como una llama, permaneces alerta, despierto, contemplando; ¡contemplando el hecho de que no hay nada que contemplar! El cuerpo está dormido y no hay nada que contemplar; sin embargo, el observador permanece.

Lo único que puedes observar es al observador. Sólo puedes contemplar al espectador. Sólo puedes ser consciente de tu consciencia. Pero no duermes, y no hay sueños. Por la mañana estás todo lo fresco que uno puede estar. De modo que los psicólogos todavía no han sido capaces, y nunca serán capaces de saber, a menos que comiencen a dirigirse hacia la meditación. Y no parece haber señales de movimiento en esa dirección. De hecho, son contrarios a la meditación y puedo entender el porqué. Son contrarios a la meditación porque ésta puede disolver todos tus problemas, puede disolver todas tus ansiedades psíquicas, y la profesión de psicólogo depende de todas esas cosas.

Sin embargo, hoy en día, tal vez el 99.9 % de las personas, o incluso más, necesitan seis horas de sueños por la noche. ¿Crees que eso es todo? ¿No sueñas también durante el día?

Cierra los ojos en cualquier momento y descubrirás que tu sueño está ahí transcurriendo. El sueño siempre está ahí. Me escuchas hablar, y a la vez sueñas. Caminas por la calle, y el sueño se mueve en tu interior. Evidentemente, cuando caminas tu atención está dividida: tienes que estar alerta al mundo exterior, de lo contrario la gente pensará que estás volado. ¡No estás volado, estás asentado! Tu atención ya no se dirige al exterior. Estás sumergido en sueños y has olvidado el mundo objetivo.

Duermes durante seis horas por la noche, pero ¿cuántas horas duermes durante el día? Eso es algo que todavía no ha medido nadie. Yo creo que durante el día no tienes ni siquiera dos horas sin sueños como tienes durante la noche. No creo que tengas dos horas al día sin sueños, porque si pudieras tener dos horas al día sin sueños, estando completamente despierto, esas dos horas se convertirían en tu meditación. Te revelarían secretos inmensamente valiosos.

Sin embargo, la humanidad común, la persona normal, necesita los sueños. ¿Por qué? Porque la vida, en realidad, es muy insatisfactoria, muy fea, terriblemente fea. Esos sueños son un sustituto. Son bellos. Aportan una fragancia a tu vida, una esperanza, una ficción. Te ayudan a permanecer cuerdo. La realidad te volvería loco.

En Tailandia hay una pequeña tribu muy primitiva, cuyos miembros, si hacen daño a alguien aunque sólo sea en un sueño —por ejemplo, si golpean a alguien en sueños— lo primero que hacen a la mañana siguiente es acercarse a esa persona y pedirle perdón, ya que, a pesar de que fuera un sueño, debían albergar algún deseo oculto que fue el que originó ese sueño.

Le dicen a esa persona: «No te he hecho daño, y no te voy a hacer daño nunca. No he sido consciente de haber tenido nunca el deseo de herirte, pero debo de haberlo hecho ya que los sueños forman parte de la realidad. No surgen de la nada».

Esa pequeña tribu es la tribu más pacífica del mundo: no hay luchas, violaciones, asesinatos, ni suicidios. Durante miles de años han estado siguiendo el mismo camino, y poco a poco también han dejado de soñar. Se han vuelto tan inocentes que ni siquiera en su inconsciente albergan deseos de ser violentos, de violar, de torturar o de matar a alguien.

Llevan miles de años yendo continuamente a pedir perdón a la otra persona, y esa persona se queda asombrada, porque no es consciente de que le hayas hecho nada. Pero ella se acerca, te abraza y te dice: «No tienes por qué preocuparte, sólo fue un sueño».

A pesar de ello, tú insistes: «No importa que sólo fuera un sueño, fue mi sueño. Estoy implicado en él, y si no me perdonas, sufriré».

Si una persona como Sigmund Freud hubiera ido a Tailandia a conocer a este pueblo, se habría quedado asombrado al ver que su psicoanálisis no sirve de nada. No sueñan, no los puedes psicoanalizar. Puede que de vez en cuando alguno de ellos tenga un sueño, pero han encontrado la manera de librarse del más mínimo deseo inconsciente.

Limitaciones del enfoque psicoanalítico

Soñar y pensar son, en el fondo, una misma cosa. Cuando cesan los sueños, cesa el pensamiento; cuando cesa el pensamiento, cesan los sueños. Oriente ha dedicado todos sus esfuerzos a abandonar ambas cosas. No nos preocupa cómo amoldarlas o cómo interpretarlas, sino cómo abandonarlas. Y si se pueden abandonar, ¿para qué interpretarlas? ¿Para qué malgastar el tiempo?

Tarde o temprano, Occidente se dará cuenta de esto, ya que ahora las técnicas de meditación están penetrando en Occidente. Las meditaciones son una forma de abandonar los sueños, los pensamientos, todo el complejo mundo de la mente. Una vez que se hayan abandonado, lograrás un bienestar que no es mental. Lograrás algo que ni siquiera eres capaz de concebir en tu estado mental actual. Ni siquiera puedes imaginar cómo será cuando no pienses, cuando no sueñes, cuando únicamente seas.

El psicoanálisis u otros métodos parecidos requieren mucho tiempo: cinco años, tres años, únicamente para interpretar los sueños. Es un proceso bastante aburrido y además, hay pocas personas que puedan permitírselo. Incluso aquéllos que puedan, ¿qué sacarán en claro? Hay muchas personas que han acudido a mí, que se han psicoanalizado, pero que no han llegado a la autorrealización. Han estado psicoanalizándose durante años y nada ha ocurrido, siguen igual, su ego es el mismo. Por el contrario, es más firme, más fuerte, y su ansiedad existencial continúa.

Yo no les doy demasiada importancia a Freud y a Jung porque lo que a mí me interesa es cómo abandonar la mente. Se puede abandonar, y lleva mucho menos tiempo abandonarla, es mucho más fácil abandonarla. De hecho, se puede abandonar incluso sin la ayuda de nadie. Oriente se topó con este hecho hace unos cinco mil años. Probablemente también interpretaron los sueños, ya que en las antiguas escrituras orientales hay interpretaciones. No me he encontrado con ningún descubrimiento que no haya sido descubierto ya por Oriente en algún momento en el pasado. Ni siquiera Freud y Jung son nuevos, no es más que el redescubrimiento de un antiguo territorio. En Oriente debieron descubrir las mismas cosas, pero al mismo tiempo descubrieron que puedes seguir interpretando la mente y que es algo que no tiene fin. Sigue soñando, sigue creando nuevos sueños una y otra vez.

De hecho, no hay psicoanálisis que llegue a completarse. Ni siquiera después de cinco años está completo. Ningún psicoanálisis puede completarse nunca porque la mente no hace más que tejer sueños. Tú sigues interpretándolos y ella sigue tejiéndolos. Tiene una capacidad infinita; es muy creativa, muy imaginativa. Sólo termina con el fin de la vida, o con la meditación, si das el salto y tú mismo mueres. Lo que necesita la mente es la muerte, no el análisis. Y si es posible la muerte, ¿qué necesidad hay de análisis? Son dos cosas totalmente distintas, y tienes que ser consciente de ello. Jung y Freud son genios descarriados; grandes intelectos, que perdieron el tiempo. El problema es que descubrieron muchas cosas sobre la mente, pero ellos mismos fueron incapaces de utilizar esos descubrimientos; y ese debería ser el criterio a seguir.

Si yo descubro una técnica de meditación y yo mismo no puedo meditar, ¿qué sentido puede tener mi descubrimiento? Sin embargo, este planteamiento también es distinto en Oriente y Occidente. En Occidente dicen: «Puede que el médico no logre curarse a sí mismo, pero te puede curar a ti». En Oriente siempre hemos dicho: «Médico, cúrate primero a ti mismo. Ése será el criterio para ver si eres capaz de curar a los demás o no». En Occidente no preguntan eso. En Occidente la ciencia sigue su camino. No se hacen preguntas personales porque se piensa que la ciencia es un estudio objetivo que no tiene nada que ver con la subjetividad. Puede que ocurra eso con la ciencia, pero la psicología no puede ser absolutamente objetiva. Tiene que ser también subjetiva porque la mente es subjetiva.

Lo primero que habría que preguntarle a Jung es: «¿Te has realizado tú?». Pero en realidad era muy egoísta. Pensaba que se había realizado. Era reacio a ir a la India. Sólo fue en una ocasión, y no quería ir a ver a ningún místico, a ningún ser autorrealizado, ni siquiera a uno como Ramana Maharshi. No quería ir, y no fue. ¿Qué podía aprender él? Ya lo tenía todo. Sin embargo, no sabía nada, solamente unos escasos fragmentos de algunos sueños que había interpretado, y pensaba que había interpretado la vida.

Tú sigues interpretando los sueños y piensas que los sueños son la realidad. En Oriente tenemos un punto de vista completamente opuesto. Hemos estado contemplando la vida y hemos descubierto que la propia vida es sueño. Ustedes piensan que al interpretar los sueños interpretan la realidad. Por el contrario, nosotros hemos contemplado la vida y hemos descubierto que no es nada más que un sueño. Y ¿a qué se debe esta reluctancia? Oriente era una fuente de temor para Jung. Tenía miedo de Oriente, y su temor, en cierta manera, estaba justificado: tenía miedo de Oriente porque Oriente le revelaría que su propio entendimiento era falso. Si hubiera ido a ver a Ramana Maharshi, si hubiera ido a ver a cualquier otro místico oriental, se habría dado cuenta inmediatamente de que no había logrado nada. Únicamente se hallaba en el umbral del templo, todavía no había entrado en el santuario. Sin embargo, en Occidente todo vale. Sin saber lo que es la autorrealización, lo denominan autorrealización. Lo puedes llamar como quieras, sólo depende de ti.

Autorrealización significa llegar al no-ser, alcanzar un absoluto vacío interior, alcanzar el punto en el que no eres. La gota se ha disuelto en el océano y ya sólo existe el océano. Entonces, ¿quién sueña? ¿Quién queda ahí para soñar? La casa está vacía, no hay nadie.

Ésta es la diferencia entre psicología y meditación: la psicología analiza los sueños, la meditación los contempla, te ayuda a ser consciente de ellos. En el momento en que eres consciente de tus sueños, desaparecen; no pueden existir ni un segundo más. Sólo pueden existir cuando eres completamente inconsciente; ésta es una condición imprescindible para su existencia.

Un buda nunca sueña, no puede soñar. Aunque quiera, no puede. El sueño es algo que desaparece de su ser porque incluso por la noche, cuando está dormido, en lo más profundo de su ser está despierto. Hay una llama de conciencia que permanece encendida y él sabe lo que está ocurriendo. Sabe que su cuerpo está dormido. La contemplación se convierte en algo tan arraigado que permanece no sólo durante el día, sino también durante la noche. Entonces el sueño desaparece. Sueñas porque deseas; tus sueños reflejan tus deseos. De modo que puedes estar durante vidas y vidas diseccionando tus deseos, pero no lograrás nada.

Además, hay algo que se ha observado una y otra vez; ocurre un fenómeno muy extraño. Si te sometes a un psicoanálisis de cualquier tipo —freudiano, jungiano, adleriano—, comenzarás a soñar tal como tu psicoanalista quiere que sueñes. Si te sometes a un psicoanálisis freudiano, tarde o temprano, empezarás a soñar de acuerdo a su idea. La gente es muy complaciente; sientes pena del pobre analista que se está esforzando tanto en analizar tus sueños. Primero, él te empieza a dar interpretaciones, y después tú comienzas a soñar según sus interpretaciones. Pronto encajaran el uno con el otro, como si estuvieran hechos el uno para el otro. De ese modo, él es feliz y tú eres feliz. Él es feliz porque se confirman sus teorías, y tú eres feliz porque eres un buen chico que sueña de acuerdo con lo que le dice el gran experto. Y cuando ves a tu psicoanalista feliz, te sientes feliz. Al verte feliz, él se siente feliz. ¡Es un acuerdo mutuo! Sin embargo, nadie ayuda a nadie, los sueños continúan.

No hay una sola persona en el mundo que haya sido totalmente psicoanalizada. A menos que tus sueños desaparezcan, tu mente seguirá sumida en un torbellino. Los sueños simplemente indican que no sabes cómo apagar tu mente; no sabes dónde está el interruptor para apagarla cuando te convenga. Cuando te vas a dormir, no la puedes apagar; sigue con su charla. Aunque le digas: «¡Cállate!», no te hace el menor caso, sigue con su charla. Sabes perfectamente que no te va a escuchar. Te sientes tan impotente frente a tu mente, que tienes que ir a su paso, no es ella la que va a tu paso. Si quiere charlar, charla; cuando te quedas dormido, sigue charlando.

El arte de la meditación te hace consciente de dónde está el interruptor; está en ser un observador. El hecho de ser un observador es el interruptor que puede encender y apagar tu mente. Te conviertes en el señor, de modo que cuando quieres utilizarla, la utilizas, y cuando no, apagas el interruptor y das a la mente un descanso.

De ahí que la mente del meditador sea mucho más brillante, mucho más inteligente, mucho más viva, sensible, que la mente de la persona que no medita, porque la mente del meditador tiene algunos períodos de profundo descanso para rejuvenecerla. Si ves a un meditador y no es inteligente, simplemente quiere decir que no es un meditador. Un meditador no puede ser estúpido, un meditador no puede ser mediocre, es imposible. Si es un meditador, irradiará agudeza, inteligencia, brillo. Será un genio, será creativo.

No necesitas malgastar tu tiempo analizando. Limítate a ir más allá, concentra toda tu energía en ir más allá. Y cuando vayas más allá, todos los sueños desaparecerán por sí solos.

Sueños, ilusiones y visiones

Friedrich Nietzsche afirma que: «El día que desaparezcan todos los soñadores, la humanidad sufrirá la mayor calamidad que haya sufrido nunca». Toda la evolución del hombre se debe a que el hombre ha soñado con ella. Lo que ayer era un sueño, hoy es realidad, y lo que hoy es un sueño, puede que mañana se convierta en realidad.

Todos los poetas son soñadores, todos los músicos son soñadores, todos los místicos son soñadores. En realidad, la creatividad es un producto del sueño.

Sin embargo, estos sueños no son los sueños que analiza Sigmund Freud. De modo que tienes que distinguir entre el sueño de un poeta, el sueño de un escultor, el sueño de un arquitecto, el sueño de un místico, el sueño de un bailarín, y el sueño de una mente enferma.

Es una pena que Sigmund Freud nunca se preocupara por los grandes soñadores que constituyen el fundamento de la evolución humana. Únicamente se encontró con personas psicológicamente enfermas, y como la experiencia de toda su vida consistió en analizar los sueños de los psicópatas, la propia palabra «soñar» quedó maldecida. El loco sueña, pero su sueño resultará destructivo para sí mismo. El hombre creativo también sueña, pero su sueño enriquecerá el mundo.

Me acabo de acordar de Miguel Ángel. Un día estaba paseando por un mercado en el que había todo tipo de mármoles, y vio una roca maravillosa, así que preguntó por ella.

El dueño le dijo: «Si quieres esta roca, te la puedes llevar gratis porque lleva ahí mucho tiempo y lo único que hace es ocupar espacio. Durante doce años nadie me ha preguntado por ella, y yo tampoco le veo ningún potencial». Miguel Ángel se llevó la roca y trabajó en ella durante prácticamente todo el año, y esculpió la estatua más bella que existe. Hace tan sólo unos años, un loco intentó destruirla. Estaba en el Vaticano; era la estatua de Jesús tras ser descolgado de la cruz, yaciendo en brazos de la Virgen María. Yo sólo la he visto en fotos, pero está tan llena de vida que parece que Jesús fuera a despertarse en cualquier momento. Trabajó el mármol con tal maestría, que puedes sentir tanto la fuerza de Jesús como su fragilidad. Y su madre, la Virgen María, tiene lágrimas en los ojos.

Hace unos años, un loco golpeó con un martillo la estatua que Miguel Ángel había esculpido, y cuando le preguntaron por qué lo hizo, contestó: «Yo también quiero ser famoso. Miguel Ángel tuvo que trabajar durante un año, y después se hizo famoso. Yo sólo tuve que trabajar durante cinco minutos, y rompí la estatua. Mi nombre ha aparecido en los titulares de todos los periódicos y ha dado la vuelta al mundo».

Ambas personas trabajaron en la misma roca. Una era un creador, y la otra, un loco.

Al cabo de un año, cuando Miguel Ángel terminó su obra, le dijo al vendedor de mármol que fuera a su casa porque quería enseñarle algo.

Aquel hombre no se lo podía creer. Le preguntó: «¿De dónde sacaste este mármol tan maravilloso?».

Y Miguel Ángel le contestó: «¿No lo reconoces? Es esa roca tan fea que permaneció frente a tu tienda durante doce años». Y me he acordado de esta anécdota porque el tendero le replicó: «¿Cómo pudiste pensar que esa roca tan deslucida podría convertirse en una estatua tan maravillosa?». Miguel Ángel le respondió: «No fue algo que pensara. Había estado soñando con hacer esta escultura, y cuando pasé por delante de la roca, de repente vi a Jesús, que me llamaba y me decía: 'Estoy encerrado en esta roca. Libérame; ayúdame a salir de aquí'. Vi exactamente esta estatua en la roca. Así que no es que haya hecho un gran esfuerzo, sólo he eliminado las partes innecesarias de la roca, y Jesús y la Virgen María se han liberado de su cautiverio».

Habría supuesto una gran contribución el hecho de que un hombre de la talla de Sigmund Freud, en vez de analizar gente enferma y sus sueños, hubiera trabajado en los sueños de las personas psicológicamente sanas, no sólo sanas, sino creativas. El análisis de sus sueños no demostraría que todos los sueños son represiones. El análisis de sus sueños demostraría que son sueños que nacen de una consciencia más creativa que la de gente normal.

De modo que no te preocupes por ser un soñador. La evolución del hombre y de su conciencia depende de estos soñadores.

La diferencia entre una visión y una ilusión es muy sutil y frágil, pero es una diferencia abismal.

El sueño es un fenómeno mental, ocurre en tu mente. Ocurre porque lo reprimes, y todo aquello que se reprime surge por la noche, cuando el represor consciente está dormido. En ese momento, el inconsciente se libera a sí mismo en los sueños. El sueño es el lenguaje del inconsciente.

A través del sueño, el inconsciente hace muchas cosas: una es la catarsis, otra es enviar mensajes a la consciencia. Si no lo oyes, se volverá a repetir el mismo sueño.

En algunos casos excepcionales, ha ocurrido que el mismo sueño se ha repetido todas las noches durante años. Esto le ocurrió a un gran creador muy inteligente, León Tolstoi. Solía tener un sueño —era una pesadilla, a pesar de que en ella no hubiera violencia ni tortura—, pero la escena del sueño era tal que siempre se levantaba sudando, con la respiración agitada, con el corazón latiendo deprisa. Era un sueño muy extraño, de modo que se esforzó mucho...

Probablemente es uno de los mejores novelistas del mundo. Tenía una inteligencia muy sensible para saber cosas, incluso acerca de los demás, pero ante su sueño se sentía indefenso.

El sueño consistía en que todas las noches veía un desierto vasto e infinito, sin ningún tipo de planta, sólo desierto y más desierto, arena y más arena, extendiéndose en todas las direcciones. Hace un sol ardiente, y ve un par de zapatos —sus zapatos— que se están alejando de él. Están caminando, pero él no está dentro de ellos. Sus zapatos no hacen más que caminar y caminar por sí solos, y ésta escena continúa. Puede continuar eternamente, no hay ninguna necesidad esencial de que pare. No hay ninguna necesidad esencial de que finalice. No hay ninguna posibilidad.

Él se lo contó a muchos amigos: se lo contó a muchos psicoanalistas y ellos le dijeron: «¡Qué raro! Hemos oído miles de sueños de otras personas, los hemos analizado. Hemos leído acerca de sueños de otras personas que han sido analizados, pero nunca nos hemos encontrado con un sueño así». Simplemente los zapatos siguen andando, y es un suplicio; todos los días sabes, durante todo el día sabes que se aproxima la noche y que te irás a dormir y ya sabes: pronto llegarán esos zapatos... y nadie sabe cuánto durará esto. Al menos llega a un clímax, y despierta por la respiración agitada y el sudor.

Un día se lo estaba contando a dos de sus amigos, Chejov y Gorki; ambos de su misma talla, ambos grandes novelistas. Les dijo: «Se lo he preguntado a los psicoanalistas y a otras personas, pero no le ven ningún sentido».

Chejov le contestó: «Tú mismo lo has dicho —no le pueden encontrar el sentido—, ése es el problema. Tú tampoco puedes encontrar el sentido de tu vida. Tu vida no tiene sentido, como ese par de zapatos, caminando sin sentido, sin saber a dónde se dirigen, sin saber por qué, pero continuando en un desierto en el que no hay ni un sólo árbol bajo el cual descansar, todo es un fuego ardiente. Pero hay que llegar, de modo que siguen caminando».

Y de repente Tolstoi se dio cuenta de que era verdad. Su mujer pertenecía a la familia real, él mismo era un conde. Su mujer era una sádica, una disciplinaria. Sin embargo, no puedes esperar de una persona como Tolstoi —pintor, músico, poeta, novelista, bailarín— que se comportara como se comportan las personas normales; estas personas viven en su propio mundo.

Como Tolstoi no soportaba esta situación, siempre estaban discutiendo. Su vida era muy infeliz, y el sueño no era más que una representación, un sueño muy oculto, simbólico. Sin embargo, desde ese día, el sueño desapareció. Entendió el significado. Significa que durante diez o doce años el inconsciente estaba tratando de enviar un mensaje a la consciencia; la consciencia no entendía el mensaje, por lo cual el inconsciente continuaba enviándolo hasta que lo entendió. Entonces el mensaje cesó.

La mente está llena de represiones que necesitan liberarse. Tiene una capacidad determinada, y no puede contener más.

Los sueños son tus deseos incumplidos, tus anhelos reprimidos, tus experiencias incompletas, pero son todas mentales. La visión es cuando la mente ha desaparecido, cuando la mente está en un estado de silencio y de quietud, cuando no existe el más mínimo movimiento de pensamientos. El lago de la mente está en absoluta calma y quietud. Cuando la mente está en absoluta calma y quietud, puedes ver; no a través de la mente sino a través de una fuente totalmente distinta. En Oriente lo hemos denominado el tercer ojo. Es meramente simbólico.

Cuando estos dos ojos que trabajan para la mente se cierran y la mente ya no está activa, empiezas a ver con una claridad que no habías experimentado nunca antes.

Eso es la visión.

No tiene nada que ver con tu represión, no tiene nada que ver con tus deseos insatisfechos, no tiene nada que ver con tus instintos reprimidos. Tiene que ver con el futuro por llegar. Es tu claridad la que te ha dado la oportunidad de tener un atisbo del futuro.

Si tu meditación continúa profundizado, tu visión se volverá cada vez más clara, será detallada.

La visión es posible en cualquier ocasión: de día, de noche, caminando, dormido. El sueño únicamente es posible mientras duermes. El sueño pertenece a tu pequeña mente. La visión pertenece a la mente universal. La visión supone una señal de que te estás aproximando a tu hogar. El sueño supone una señal de que te estás alejando de tu hogar.

Hay una cosa curiosa, es fácil marcar la distinción; los sueños son siempre en blanco y negro; las visiones son en tecnicolor. De modo que si te olvidas de todo lo demás, al menos podrás recordar esto. Porque los sueños son muy antiguos, desconocen la tecnología. Siguen funcionando con viejas fotografías y viejas películas, y en ellos todo es borroso y oscuro. Las visiones, en cambio, son totalmente radiantes y llenas de color.

Después de soñar te encontrarás cansado. Después de ver una visión, te encontrarás lleno de energía [...] porque la visión ha sido un contacto con la existencia misma. La existencia te ha recargado, te ha dado más vida porque te la has merecido al profundizar en la meditación.

El sueño indica una mente enferma, una psicología enferma. La visión surge de tu salud interior.

Yo he vivido con pueblos primitivos, he descubierto muchas cosas en ellos, pero la más importante es que no sueñan. Si les preguntas: «¿Qué soñaste anoche?», te contestan: «¿Soñar? No, nosotros dormimos bien». Sí, de vez en cuando alguien sueña algo, sólo de vez en cuando, y esa persona tiene un sueño totalmente distinto a los que tú tienes. Su sueño no es el sueño que estudian Freud, Jung y Adler. Su sueño es intuitivo, su sueño es una predicción del futuro, su sueño es un anuncio de algo que va a ocurrir.

Por lo tanto en la sociedad primitiva, el soñador se convierte en el visionario. Se convierte en el chamán, se convierte en una persona muy importante porque puede soñar. En la sociedad civilizada, el psicoanalista se vuelve muy importante porque puede analizar los sueños, puede interpretar los sueños. En la sociedad primitiva, el soñador se convierte en la persona más importante, se convierte en la autoridad religiosa de la comunidad porque sus sueños se convierten en predicciones, sus sueños siempre resultan ser verdaderos. No sueña con el pasado porque nunca lo reprime. En el caso de que sueñe, sueña con el futuro, con aquello que no ha ocurrido y va a ocurrir. Y sus sueños en su mayoría son ciertos.

Sin embargo, sus sueños se tienen que entender de modo totalmente distinto. El moderno psicoanálisis será incapaz de comprender sus sueños; está demasiado obsesionado con el hombre civilizado, con su inconsciente. El hombre primitivo no tiene inconsciente.

Eso mismo le ocurre a un buda; su inconsciente desaparece porque no hace más que exponer, que derramar aquello que hay en su ser. Nunca lo reprime, nunca crea el inconsciente. El inconsciente es una creación de la civilización; cuanto más civilizado seas, más inconsciente serás. Si te vuelves completamente civilizado serás un robot, serás completamente inconsciente. Eso es lo que está ocurriendo. Esa tragedia está ocurriendo en todo el mundo; hay que detenerla, y la única manera de hacerlo consiste en ayudar a las personas a verter su inconsciente en las meditaciones.

Permanecer vigilantes al dormir: una senda hacia lo eterno

La razón de que el sueño sea tan relajante es que el hecho de estar continuamente en guardia y decir lo que se supone que debemos decir, y hacer lo que la sociedad nos pide que hagamos, es agotador, realmente agotador. Uno necesita sumergirse en un sueño profundo todos los días durante ocho horas para liberarse de todo esto, para volver a ser natural, para olvidar a la sociedad, y a la pesadilla y el infierno que esta ha creado.

Cuanto más alerta te vuelves, cuanto más atento estás, más te liberas de la atadura de la sociedad y de sus garras, entonces sólo tu cuerpo necesita dormir, y aunque estés durmiendo seguirá habiendo una corriente subterránea continua de consciencia. Tu mente no necesitará dormir en absoluto; no tiene una necesidad intrínseca de dormir, es una necesidad creada.

A medida que tu mente esté limpia, desencadenada, libre, tendrás cada vez menos necesidad de que la mente se vaya a dormir. Entonces ocurre un milagro: si puedes permanecer alerta incluso cuando el cuerpo esté dormido, sabrás por primera vez que estás separado del cuerpo. El cuerpo está dormido y tú estás despierto: ¿cómo pueden ser ambos idénticos? ¿Cómo pueden ser ambos uno? Ahora verás la diferencia, es una diferencia inmensa.

El cuerpo pertenece a la tierra, tú perteneces al cielo. El cuerpo pertenece a la materia, tú perteneces a la eternidad. El cuerpo es burdo, tú no. El cuerpo tiene límites, nace y morirá; tú nunca has nacido, y nunca morirás. Esto se convierte en tu propia experiencia, no en una creencia.

La creencia está orientada hacia el miedo. Te gustaría creer que eres inmortal, pero la creencia es únicamente creencia, algo pseudo, pintado por fuera. La experiencia es totalmente diferente: brota de ti, es tuya. En el momento en que conoces, nada puede hacer tambalear tu conocimiento, nada puede destruir tu conocimiento. Puede que el mundo entero esté en contra de esa idea, pero a pesar de ello seguirás sabiendo que estás separado. Puede que el mundo entero diga que no existe el alma, pero tú sabrás que sí existe. Puede que el mundo entero diga que no hay Dios, pero tú sonreirás porque la experiencia se valida a sí misma, es evidente.

En Occidente, antes de Freud, se pensaba que la consciencia despierta era la única consciencia; no ocurría eso en oriente; incluso después de Freud, a pesar de que se ha aceptado como valiosa la consciencia dormida, todavía hay una cosa que no ha ocurrido: se sigue desoyendo el descanso sin sueños. Esto no ocurre en Oriente. Oriente siempre ha aceptado a la consciencia despierta como la capa más superficial, la consciencia dormida como una capa más profunda y más importante, y la consciencia soñadora como más profunda y más importante aún que la consciencia dormida. Occidente necesita todavía otro Freud que presente la consciencia soñadora como la parte más importante.

Sin embargo, Oriente sabe aún algo más. Hay un punto, el cuarto estado de la consciencia. Se denomina *turiya*, simplemente «el cuarto»; no tiene ningún otro nombre. *Turiya* significa el cuarto. Cuando desaparecen el despertar, el sueño y el dormir, uno simplemente es un testigo. No lo puedes llamar «despertar», porque este testigo nunca duerme; no lo puedes llamar «sueño», porque este testigo nunca tiene sueños; no lo puedes llamar dormir, porque este testigo nunca duerme. Es consciencia eterna. Es la consciencia de Cristo, la *budidad*, la iluminación.

De modo que presta siempre atención. Presta más atención a tus sueños que a tu despertar, y presta más atención a tu descanso sin sueños que a tus sueños. Y ten presente que tienes que alcanzar el cuarto porque sólo el cuarto es lo definitivo. Con el cuarto estado habrás llegado a tu hogar. Una vez allí ya no hay ningún otro lugar al que ir.

Dimensiones esotéricas del sueño

Tenemos siete cuerpos: el físico, el etéreo, el astral, el mental, el espiritual, el cósmico y el nirvánico. Cada cuerpo tiene sus propios tipos de sueño. El cuerpo físico se conoce en la psicología occidental como la consciencia; el cuerpo etéreo, como el inconsciente, y el cuerpo astral, como el inconsciente colectivo.

El cuerpo físico crea sus propios sueños. Si tienes el estómago revuelto, se crea un tipo determinado de sueños. Si te encuentras indispuesto, con fiebre, el cuerpo físico crea su propio tipo de sueño. Hay una cosa clara: el sueño surge de una inquietud. La incomodidad física, la enfermedad física, crean sus propios reinos de sueños, de modo que un sueño físico puede ser incluso estimulado desde el exterior. Estás durmiendo. Si te ponen una tela húmeda en las piernas, empezarás a soñar. Puede que sueñes que estás atravesando un río. Si te ponen una almohada en el pecho, empezarás a soñar. Puede que sueñes que alguien se ha sentado encima de ti, o que te ha caído una piedra encima. Son sueños que llegan a través del cuerpo físico.

El cuerpo etéreo —el segundo— tiene su propia manera de soñar. Estos sueños etéreos han creado mucha confusión en la psicología occidental. Freud confundió los sueños etéreos con los sueños originados por los deseos reprimidos. Existen sueños originados por los deseos reprimidos, pero esos sueños pertenecen al primer cuerpo, al físico. Si has reprimido tus deseos físicos —por ejemplo, si has ayunado— es muy probable que sueñes con un desayuno. O si has reprimido la actividad sexual, es muy probable que tengas fantasías sexuales. Sin embargo, estos sueños pertenecen al primer cuerpo. El cuerpo etéreo queda al margen de las investigaciones de los psicólogos, de ahí que sus sueños también se interpreten como pertenecientes al primer cuerpo, el físico. Esto provoca una gran confusión.

El cuerpo etéreo puede viajar en sueños. Es muy probable que abandone tu cuerpo. Cuando lo recuerdas, lo recuerdas como un sueño, pero no es un sueño en el mismo sentido que los sueños del cuerpo físico. El cuerpo etéreo puede salir de ti cuando estás dormido. Tu cuerpo físico está ahí, pero tu cuerpo etéreo puede salir y viajar por el espacio. No tiene ninguna limitación espacial, para él no existe la distancia. Puede que las personas que no entiendan esto, que no reconozcan la existencia del cuerpo etéreo, lo interpreten como el reino del inconsciente. Dividen la mente del hombre entre la consciencia y la inconsciencia. Como consecuencia, al sueño fisiológico se le denomina «consciencia» y al sueño etéreo, «inconsciente». No es inconsciente. Es tan consciente como el sueño fisiológico, pero consciente a otro nivel. Si comienzas a ser consciente de tu cuerpo etéreo, el sueño relacionado con esta esfera se vuelve consciente.

Al igual que los sueños fisiológicos pueden crearse desde el exterior, también los sueños etéreos se pueden crear, se pueden estimular. Los mantras son uno de los métodos que existen para crear visiones etéreas, sueños etéreos. Un mantra en concreto o una palabra en concreto, sonando repetidamente en el centro etéreo, puede crear sueños etéreos. Hay muchos métodos, y el sonido es uno de ellos.

Los sufíes han utilizado el perfume para crear visiones etéreas, y el propio Mahoma era muy aficionado a los perfumes. Un perfume concreto puede originar un sueño concreto.

Los colores también pueden ayudar. En una ocasión, Leadbeater tuvo un sueño etéreo de «azulidad»; pura «azulidad», pero con una tonalidad concreta. Comenzó a buscar ese azul concreto por todos los mercados del mundo. Finalmente, tras muchos años de búsqueda, lo encontró en una tienda italiana; un terciopelo con ese tono concreto. Entonces utilizó el terciopelo para provocar sueños etéreos también en otras personas.

De modo que cuando alguien se sumerge en una profunda meditación y ve colores, y experimenta perfumes, sonidos y músicas completamente desconocidos, esas cosas también son sueños, sueños del cuerpo etéreo. Las visiones denominadas espirituales pertenecen al cuerpo etéreo; son sueños etéreos. Los gurús que se manifiestan a sí mismos ante sus discípulos no son más que viajes etéreos, sueños etéreos. Sin embargo, dado que sólo hemos investigado la mente hasta un nivel de existencia, el fisiológico, estos sueños, o bien se han interpretado en el lenguaje de los fisiológico, o se han rechazado, no se les ha dado importancia.

O se han puesto en el inconsciente. Decir que algo es parte del inconsciente no es más que admitir que no sabemos nada acerca de eso. Es un tecnicismo, un truco. No hay nada inconsciente, sino que todo lo que es consciente es un nivel más profundo es inconsciente en el nivel previo. De modo que para lo físico, lo etéreo es inconsciente; para lo etéreo, lo astral es inconsciente; para lo astral, lo mental es inconsciente. Lo consciente significa aquello que es conocido. Lo inconsciente significa aquello que todavía no es conocido, lo desconocido.

También hay sueños astrales. En los sueños astrales viajas a tus nacimientos previos. Ésa es la tercera dimensión del sueño. A veces en un sueño normal, puede haber parte de lo etéreo o de lo astral. Cuando eso ocurre el sueño se convierte en un enredo, en algo confuso; no lo puedes entender. Dado que tus siete cuerpos viven simultáneamente, hay cosas de una esfera que pueden pasar a la otra, que pueden penetrar a la otra. De modo que, en ocasiones, incluso en los sueños normales, hay fragmentos de lo etéreo o de lo astral.

En el primer cuerpo, el físico, no puedes viajar ni en el tiempo ni en el espacio. Estás confinado a tu estado físico y al tiempo específico que sea; por ejemplo, las diez en punto de la noche. Tu cuerpo físico puede dormir en ese tiempo y espacio determinados, pero no más allá de ellos. En el cuerpo etéreo puedes viajar en el espacio pero no en el tiempo. Puedes ir a cualquier parte, pero el tiempo siguen siendo las diez de la noche. En el reino astral, en el tercer cuerpo, puedes viajar, no sólo en el espacio, sino también en el tiempo. El cuerpo astral puede traspasar la barrera del tiempo, pero sólo hacia el pasado, no hacia el futuro. La mente astral puede desplazarse hacia todas las series infinitas del pasado, desde la ameba al hombre.

En la psicología jungiana, la mente astral se ha denominado el inconsciente colectivo. Es tu historia individual de nacimientos. A veces penetra en los sueños normales, pero lo hace con más frecuencia en los estados patológicos que en los sanos. En un enfermo mental, los tres primeros cuerpos pierden su distinción habitual. La persona que esté mentalmente enferma puede soñar con sus nacimientos previos, pero nadie la creerá. Ni siquiera él mismo lo creerá. Dirá que no es más que un sueño.

Esta experiencia no supone soñar en el plano físico, es un sueño astral. El sueño astral tiene mucho significado, mucha importancia. Sin embargo, el tercer cuerpo sólo puede soñar con el pasado, no con lo que será.

El cuarto cuerpo es el mental. Puede viajar al pasado y al futuro. En ocasiones, en una situación de máxima emergencia, incluso una persona normal puede tener un atisbo del futuro. Si alguien cercano y querido para ti se está muriendo, puede que te llegue el mensaje en un sueño normal. Dado que no conoces ninguna otra dimensión de sueño, ninguna otra posibilidad, el mensaje penetrará tu sueño normal.

No obstante, el sueño no será claro debido a las barreras que tiene que atravesar el mensaje antes de que pueda formar parte de tu estado de sueño normal. Cada barrera elimina algo, transforma algo. Cada cuerpo tiene su propia simbología, de modo que cada vez que un sueño pasa de un cuerpo a otro se traduce a la simbología de ese cuerpo. Entonces todo se vuelve confuso.

Si duermes en el cuarto cuerpo de forma directa —no a través de otro cuerpo sino a través del mismo cuarto cuerpo—, puedes penetrar en el futuro, pero sólo en tu propio futuro. Sigue siendo algo individual, no puedes penetrar en el futuro de otra persona.

Para el cuarto cuerpo, el pasado resulta tan presente como el futuro. El pasado, el presente y el futuro se convierten en uno. Todo se convierte en un ahora: un ahora que va penetrando hacia atrás, un ahora que va penetrando hacia delante. No hay pasado ni futuro, pero a pesar de ello sigue habiendo tiempo. El tiempo, incluso como «el presente», sigue siendo un flujo de tiempo. Seguirás teniendo que concentrar tu mente. Puedes mirar hacia el pasado, pero tendrás que concentrar tu mente en esa dirección. Entonces el futuro y el presente quedarán en suspenso. Cuando te concentres en el futuro, los otros dos, pasado y presente, estarán ausentes. Serás capaz de ver pasado, presente y futuro, pero no como uno solo. Además, sólo serás capaz de ver tus sueños individuales, los sueños que te pertenecen como individuo.

El quinto cuerpo, el cuerpo espiritual, atraviesa la esfera de lo individual y la esfera del tiempo. Ahora estás en la eternidad. El sueño no tiene que ver contigo como individuo, sino con la consciencia del todo. Entonces conocerás todo el pasado de toda la existencia, pero no el futuro.

Todos los mitos de la creación se han desarrollado a través de este quinto cuerpo. Son todos iguales. Difieren los símbolos, difieren un poco las historias, pero ya sean cristianos, hindúes, judíos, o egipcios, los mitos de la creación —cómo fue creado el mundo, cómo surgió— son todos paralelos; todos tienen una corriente subterránea de semejanza. Por ejemplo, en todo el mundo existen historias similares acerca de una gran inundación. No hay una constancia histórica de ellas, pero a pesar de ello, existe una constancia. Esa constancia pertenece a la quinta mente, al cuerpo espiritual. La quinta mente puede soñar con ellas. Cuanto más ahondas, más se aproxima el sueño a la realidad. El sueño fisiológico no es tan real. Tiene su propia realidad, pero no es tan real. El sueño etéreo es mucho más real, el astral es aún más real, el mental se aproxima a lo real, y finalmente, en el quinto cuerpo, te vuelves absolutamente realista en tus sueños. Ésa es la manera de conocer la realidad. «Soñar» no es el término más adecuado. Sin embargo, en cierto modo, es soñar, porque lo real no está objetivamente presente. Tiene su propia objetividad, pero llega como una experiencia subjetiva.

Dos personas que hayan alcanzado el quinto cuerpo podrán soñar simultáneamente, lo cual no es posible antes de que esto ocurra. Normalmente, no hay forma de que varias personas tengan un sueño común, pero a partir del quinto cuerpo en adelante, un sueño puede ser soñado por varias personas simultáneamente. Por eso los sueños son, en cierta manera, objetivos. Podemos comparar los apuntes. De ahí que tantas personas, soñando con el quinto cuerpo, llegaran a conocer los mismos mitos. Esos mitos no fueron creados por individuos, fueron creados por escuelas concretas, por tradiciones concretas que trabajaron juntas.

De modo que el quinto tipo de sueño se vuelve mucho más real. Los cuatro tipos precedentes son, en cierto sentido, irreales porque son individuales. No existe la posibilidad de que otra persona pueda compartir la experiencia, no hay forma de juzgar su validez; si son una fantasía o no. Una fantasía es algo que has proyectado; un sueño es algo que no existe como tal, pero que has llegado a conocer. A medida que te diriges hacia el interior, el sueño se vuelve menos fantástico, menos imaginario; más objetivo, más real, más auténtico.

Todos los conceptos teológicos los crea el quinto cuerpo. Difieren en su lenguaje, en su terminología, en su conceptualización, pero son básicamente iguales. Son sueños del quinto cuerpo.

En el sexto cuerpo, el cuerpo cósmico, atraviesas el umbral de la consciencia y la inconsciencia, de la materia y de la mente. Abandonas todas las distinciones. El sexto cuerpo sueña con el cosmos. Atraviesas el umbral de la consciencia, y el mundo inconsciente también se vuelve consciente. Ahora todo está vivo y consciente. Incluso aquello que denominamos «materia», ahora forma parte de la consciencia. En el sexto cuerpo, se han alcanzado los sueños de los mitos cósmicos. Has trascendido lo individual, has trascendido lo consciente, has trascendido el tiempo y el espacio, pero sigue siendo posible el lenguaje. Señala hacia algo; indica algo. Las teorías de Brahma, del maya, las teorías de la unidad, del infinito, todas ellas han sido alcanzadas en el sexto tipo de sueño. Los creadores de los grandes sistemas, de las grandes religiones han sido personas que han soñado en la dimensión cósmica.

A través del sexto tipo de mente, los sueños se producen en términos de ser, no en términos de no-ser; en términos de existencia positiva, no en términos de no-existencia. Sigue habiendo un apego a la existencia y un miedo a la no-existencia. La materia y la mente se han vuelto una, pero no la existencia y la no-existencia, no el ser y el no-ser. Estos siguen estando separados, es la última barrera.

El séptimo cuerpo, el nirvánico, atraviesa la frontera de lo positivo y salta a la nada. Tiene sus propios sueños: sueños de no-existencia, sueños de la «*nadedad*», sueños de la vacuidad. El sí ha quedado atrás, e incluso el no ahora ya no es un no; la «*nadedad*» no es nada. Por el contrario, la nada es aún más infinita. Lo positivo tiene que tener fronteras; no puede ser infinito. Sólo lo negativo carece de fronteras.

De modo que el séptimo cuerpo tiene sus propios sueños. Entonces ya no hay símbolos, ya no hay formas. Sólo existe lo informe. Entonces no existe el sonido sino lo insonoro; reina un absoluto silencio. Estos sueños de silencio son totales, infinitos.

Estos son los siete cuerpos. Cada uno de ellos tiene sus propios sueños. No obstante, estas siete dimensiones de los sueños se pueden convertir en un obstáculo para conocer los siete tipos de realidades.

Tu cuerpo fisiológico tiene una manera de conocer lo real y una manera de soñar acerca de él. Cuando comes, es una realidad, pero cuando sueñas que estás comiendo, no es la realidad. El sueño es un sustituto de la comida real. De modo que el cuerpo fisiológico tiene su propia realidad y su propia manera de soñar. Son dos formas diferentes que tiene lo fisiológico de funcionar, y están completamente distanciadas.

Cuanto más te diriges al centro —a medida que alcanzas un cuerpo más elevado—, más se aproximan entre sí el sueño y la realidad. Al igual que las líneas que se trazan desde la periferia de un círculo hasta su centro, se aproximan a medida que se acercan a éste, y se alejan a media que se aproximan a la circunferencia, del mismo modo, el sueño y la realidad se van acercando a medida que te acercas a tu centro y se van alejando a medida que te diriges a la periferia. Por lo tanto, en lo que se refiere al cuerpo fisiológico, el sueño y la realidad están muy separados. La distancia entre ellos es muy grande. Los sueños son sólo fantasía.

Esta separación no será tan grande en el cuerpo etéreo. Lo real y el sueño se aproximarán, de modo que resultará más difícil que en el cuerpo fisiológico distinguir la realidad del sueño, pero, a pesar de ello, se podrán distinguir. Si tu viaje etéreo, ha sido un viaje real, tendrá lugar cuando estés despierto. Si ha sido un sueño, tendrá lugar cuando estés dormido. Para saber la diferencia, tendrás que estar despierto en el cuerpo etéreo.

Existen métodos para ser consciente del cuerpo etéreo. Todos los métodos de trabajo interior como los *japa,* la repetición de un mantra, te desconectan del mundo exterior. Si te duermes, la constante repetición puede crear un sueño hipnótico. Entonces, soñarás. Sin embargo, si puedes seguir siendo consciente de tu *japa* y éste no produce un efecto hipnótico en ti, conocerás lo real en el campo de lo etéreo.

En el tercer cuerpo, el astral, es incluso más difícil apreciar la diferencia porque los dos se han aproximado aún más. Si has conocido el cuerpo astral real y no sólo el sueño astral, trascenderás el miedo a la muerte. A partir de aquí, uno conoce la propia inmortalidad. En cambio, si lo astral es un sueño y no es real, te sentirás paralizado por el miedo a la muerte. Éste es el punto de distinción, la clave: el miedo a la muerte.

La persona que crea que el alma es inmortal y no haga más que repetirlo convenciéndose a sí misma, no será capaz de conocer la distinción entre lo que es real en el cuerpo astral y lo que es un sueño astral. No hay que creer en la inmortalidad, hay que conocerla. Sin embargo, antes de conocerla, hay que tener dudas sobre ella, incertidumbre sobre ella. Sólo entonces sabrás si realmente la conoces o si sólo la has proyectado. Si crees que tu alma es inmortal, esta idea puede penetrar tu mente astral. Entonces empiezas a soñar, pero no será más que un sueño. Sin embargo, si no tienes esta idea, sino únicamente una sed de conocimiento, de búsqueda —sin saber qué hay que buscar, sin saber qué hay que encontrar, sin ideas preconcebidas ni prejuicios—, si sólo estás buscando en el vacío, sabrás la diferencia. De modo que las personas que creen en la inmortalidad del alma, en las vidas pasadas, aquellos que aceptan esto como cuestión de fe, puede que sólo estén soñando en el plano astral sin conocer el real.

En el cuarto cuerpo, el mental, el sueño y la realidad se convierten en vecinos. Sus rostros son tan parecidos que resulta muy fácil confundirlos. El cuerpo mental puede tener sueños que son tan reales como lo real. Además existen métodos para crear esos sueños; métodos yóguicos, tántricos y de otro tipo. Una persona que esté practicando el ayuno, la soledad, la oscuridad, creará el cuarto tipo de sueños, los sueños mentales. Serán tan reales, más reales que la realidad que nos rodea.

En el cuarto cuerpo, la mente es totalmente creativa; sin el estorbo de nada objetivo, sin el estorbo de las fronteras materiales. En ese momento es totalmente libre para crear. Los poetas, los pintores, viven en el cuarto tipo de sueño; todo arte es producto del cuarto tipo de sueño. La persona que pueda soñar en la cuarta esfera para convertirse en un gran artista, pero no una persona que conoce.

En el cuarto cuerpo, uno debe ser consciente de cualquier tipo de creación mental. No se debe proyectar nada, de lo contrario se proyectará. No se debe desear nada, de lo contrario hay muchas posibilidades de que el deseo se realice. No sólo interiormente, el deseo se puede realizar incluso exteriormente. En el cuarto cuerpo, la mente es tan poderosa, tan absolutamente transparente, porque el cuarto cuerpo es la última morada de la mente. Tras él comienza la no-mente.

El cuarto cuerpo es la fuente original de la mente, así que puedes crear lo que quieras. Hay que ser siempre conscientes de que no haya deseo, imaginación, dios, gurú. De lo contrario, todos ellos serán creados por ti. ¡Tú serás el creador! El hecho de contemplarlos resulta una experiencia tan dichosa que uno anhela crearlos. Ésta es la última barrera para el *sadhaka*, el buscador. Una vez que uno la atraviese, no se encontrará con ninguna otra barrera mayor. Si eres consciente, si sólo eres un testigo en el cuarto cuerpo, conocerás lo real. De lo contrario, seguirás soñando. No hay realidad que sea comparable a esos sueños. Serán extáticos; no hay éxtasis comparable. De modo que hay que ser conscientes del éxtasis, de la felicidad, de la dicha, y hay que ser conscientes de cualquier tipo de imagen. En el momento en que aparezca una imagen, la cuarta mente comenzará a discurrir en un sueño. Una imagen llevará a otra y continuarás soñando.

El cuarto tipo de sueño sólo se puede prevenir si eres un testigo. El hecho de ser testigo es lo que marca la diferencia porque si hay sueño, te identificarás con él.

En lo que al cuarto cuerpo se refiere, la identificación es sueño. En el cuarto cuerpo, la consciencia y la mente testigo son el camino hacia lo real.

En el quinto cuerpo el sueño y lo real se convierten en uno. Se abandona todo tipo de dualidad. Aquí no se plantea la consciencia. Aunque seas inconsciente, serás consciente de tu inconsciencia. En ese momento el sueño se convierte en un reflejo de lo real. Hay una diferencia, pero no hay ninguna distinción. Si me contemplo a mí mismo en el espejo, no hay ninguna distinción entre mí y mi reflejo, pero existe una diferencia. Yo soy lo real y lo reflejado no es real.

Si la quinta mente ha cultivado diferentes conceptos, puede que tenga la ilusión de conocerse a sí misma porque se ha visto a sí misma reflejada en el espejo. Esto supondrá conocerse a sí misma, pero no tal como es, sino sólo como es reflejada. Ésa es la única diferencia. Sin embargo, en cierto sentido, es peligroso. El peligro consiste en que puedes quedar satisfecho con el reflejo, y puede que la imagen reflejada se tome por lo real.

En lo que al quinto cuerpo se refiere, no existe un peligro real de que esto ocurra, pero sí lo hay en el sexto cuerpo. Si sólo te has visto a ti mismo en el espejo, no podrás cruzar la frontera entre el quinto y el sexto. No podrás cruzar ninguna frontera a través de un espejo. Por eso ha habido personas que han permanecido en el quinto. Aquellos que dicen que son almas infinitas y que cada alma tiene su propia individualidad; esas personas han permanecido en el quinto. Se han conocido a sí mismas, pero no inmediatamente, no directamente; sólo a través del medio de un espejo.

¿De dónde procede ese espejo? Surge del cultivar los conceptos: «Yo soy el alma. Eterna, inmortal. Más allá de la muerte, más allá del nacimiento». Concebirse a uno mismo como el alma, sin conocer, supone crear un espejo. Entonces no te conocerás a ti mismo tal como eres, sino que sólo serás reflejado a través de tus conceptos. Ésta será la única diferencia: si el conocimiento surge de un espejo, es un sueño y es directo, inmediato; sin espejo alguno, es real. Ésa es la única diferencia, pero es una gran diferencia; no en relación a los cuerpos que has cruzado sino en relación a los cuerpos que todavía hay que penetrar.

¿Cómo puede uno estar seguro de que está soñando en el quinto o está viviendo lo real? Sólo hay una manera: abandonar todo tipo de religión, liberarse de todo tipo de filosofía. En este momento no tiene que haber ya ningún gurú; de lo contrario, el gurú se convertirá en un espejo. A partir de ese momento, estás completamente sólo. No puedes adoptar ningún guía porque si lo haces, el guía se convertirá en el espejo.

A partir de ese momento, la soledad es total y completa. No aislamiento sino soledad. El aislamiento siempre está preocupado por los demás; la soledad se preocupa por sí misma. Me siento aislado cuando no hay ningún nexo entre mí y ninguna otra persona, pero me siento sólo cuando soy.

Por lo cual, uno debe estar solo en todas las dimensiones: palabras, conceptos, teorías, filosofías, doctrinas; gurús, escrituras; cristianismo, hinduismo; Buda, Cristo, Krishna, Mahavira... Uno debe estar solo ahora; de lo contrario cualquier cosa que esté presente se convertirá en un espejo. Buda se convertirá ahora en un espejo. Un espejo muy querido pero muy peligroso.

Si estás completamente solo, no habrá nada en lo que te puedas reflejar. De modo que la meditación es la clave para el quinto cuerpo. Significa estar totalmente solo, libre de toda actividad mental. Significa estar sin mente. Si existe algún tipo de mente se convertirá en un espejo y te reflejarás en ella. En este momento debes ser una no-mente, sin pensamiento, sin contemplación.

En el sexto cuerpo no hay espejo. Sólo existe lo cósmico. Te has perdido a ti mismo. Ya no existes, ya no existe el soñador. Sin embargo, el sueño puede existir aún sin el soñador, y cuando existe un sueño sin el soñador, parece la verdadera realidad. No hay mente, no hay nadie que piense, de modo que lo que conoces, lo conoces. Se convierte en tu conocimiento. Llegan mitos de la creación, flotan. Tú no estás, las cosas sólo están flotando. No hay nadie juzgando, no hay nadie soñando.

Sin embargo, la mente que no está, a pesar de todo, existe. La mente que se ha aniquilado sigue existiendo; no de forma individual sino como un todo cósmico. Tú no existes, pero el Brahma existe. Por eso dicen que todo el cosmos es un sueño de Brahma. Todo el universo es un sueño, maya. No un sueño de ningún individuo, sino un sueño del total, del todo. Tú no existes, pero la totalidad está soñando.

Ahora la única distinción consiste en si el sueño es positivo. Si es positivo, es ilusorio, es un sueño porque en su sentido fundamental sólo lo negativo existe. Cuando todo se ha vuelto parte de lo informe, cuando todo ha retornado a su fuente original, entonces todo existe y no existe al mismo tiempo. Lo positivo es el único factor restante. Hay que traspasarlo.

De modo que si en el sexto cuerpo abandonas lo positivo, penetras en el séptimo. Lo real del sexto es la puerta al séptimo. Si no hay nada positivo —ningún mito, ninguna imagen—, entonces el sueño habrá cesado. Entonces sólo existe lo que existe: la «talidad». Entonces lo único que existe es la existencia. No existen las cosas, pero existe la fuente. No existe el árbol, pero existe la semilla.

Aquéllos que han conocido, han denominado a este tipo de mente, *samadhi* con semilla, *samadhi sabeej*. Se ha perdido todo; todo ha vuelto a su fuente original, a la semilla cósmica. El árbol ya no existe, pero existe la semilla. Sin embargo, debido a la semilla, todavía es posible soñar, por lo tanto hay que destruir también la semilla.

En el séptimo no hay ni sueño ni realidad. Sólo puedes ver algo real hasta el punto en el que el sueño es posible. Si no hay posibilidad de sueños, entonces no existe ni lo real ni lo ilusorio. Por lo tanto, el séptimo es el centro. Ahora el sueño y la realidad se han hecho uno. No hay diferencia. O sueñas con la nada o conoces la nada, pero la nada permanece imperturbable.

Si sueño contigo, es ilusorio. Si te veo, es real. Sin embargo, si sueño con tu ausencia o si veo tu ausencia, no hay ninguna diferencia. Si sueñas con la ausencia de algo, el sueño será igual que la propia ausencia. La auténtica diferencia sólo existe en lo relativo a algo positivo. De modo que hasta el sexto cuerpo existe una diferencia. En el séptimo cuerpo sólo permanece la nada. Hasta la misma semilla está ausente. Esto es *nirbeej samadhi*, *samadhi* sin semilla. Entonces ya no hay posibilidad de soñar.

Por lo tanto, hay siete tipos de sueño y siete tipos de realidades. Penetran una en otra, y esto es lo que hace que haya mucha confusión, pero si estableces una distinción entre las siete, si está claro, te ayudará mucho. La psicología todavía está muy lejos de conocer los sueños. Sólo sabe acerca de lo fisiológico, y a veces, de lo etéreo. Sin embargo, también se interpreta lo etéreo como lo fisiológico.

Jung ha profundizado un poco más que Freud, pero su análisis de la mente humana se considera mitológico, religioso. A pesar de ello, tiene la semilla. Si la psicología occidental avanza, será gracias a Jung, no a Freud. Freud fue el pionero, pero si el apego a sus progresos se convierte en una obsesión, todos los pioneros se convierten en una barrera para el progreso ulterior. A pesar de que ahora Freud esté desfasado, la psicología occidental sigue obsesionada con su inicio freudiano. Freud tiene que convertirse ahora en parte de la historia. La psicología tiene que avanzar.

En Estados Unidos están intentando saber cosas sobre el sueño utilizando métodos de laboratorio. Hay muchos laboratorios del sueño, pero los métodos utilizados sólo están interesados por lo fisiológico. Si se quiere conocer todo el mundo de los sueños, se debe introducir el yoga, el tantra y otras prácticas esotéricas. Cada tipo de sueño tiene un tipo de realidad paralela, y si no se puede conocer todo el maya, si no se puede conocer todo el mundo de las ilusiones, es imposible conocer lo real. Lo real sólo se puede conocer a través de lo ilusorio.

No obstante, no adoptes lo que he dicho como una teoría, como un sistema. Deja simplemente que sea un punto de inicio, y comienza a soñar con una mente consciente. Sólo cuando seas consciente en tus sueños podrás conocer lo real.

Ni siquiera somos conscientes de nuestro cuerpo físico. Seguimos siendo inconscientes de él. Sólo somos conscientes cuando alguna parte está enferma. Hay que ser consciente del cuerpo cuando está sano. Ser conscientes del cuerpo cuando está enfermo es una medida de emergencia. Es un proceso natural, intrínseco. Tu mente debe ser consciente cuando alguna parte del cuerpo está enferma para poder cuidar de ella, pero en cuanto vuelve a estar sana, vuelves a estar dormido en lo que a esa parte se refiere.

Debes ser consciente de tu propio cuerpo, de su funcionamiento, de sus sensaciones sutiles, de su música, de sus silencios. A veces el cuerpo está en silencio, a veces hace mucho ruido, a veces está relajado. La sensación es tan diferente en cada estado que es lamentable que no seamos conscientes. Cuando duermes, se producen cambios sutiles en tu cuerpo. Cuando comienzas a despertarte por la mañana, se vuelven a producir cambios. Hay que ser conscientes de ellos. Cuando vayas a abrir los ojos por la mañana, no los abras de repente. Una vez que hayas sido consciente de que ha finalizado el descanso, sé consciente de tu cuerpo. No abras los ojos aún. ¿Qué es lo que está ocurriendo? Se está produciendo un gran cambio en tu interior. Se está abandonando el descanso y está llegando el despertar. Has visto surgir el sol, pero nunca has visto surgir a tu cuerpo. Tiene su propia belleza. En tu cuerpo hay un amanecer y un atardecer. Se llama *sandhya*: el momento de la transformación, el momento del cambio.

Cuando vayas a dormir, contempla en silencio lo que ocurre. Llegará el sueño, llegará. ¡Sé consciente! Sólo entonces podrás ser realmente consciente de tu cuerpo físico. Y en el momento en que seas consciente de él, sabrás lo que es el sueño fisiológico. Entonces por la mañana serás capaz de recordar cuál fue un sueño fisiológico y cuál no. Si conoces las sensaciones internas, las necesidades internas, los ritmos internos de tu cuerpo, entonces, cuando se reflejen en tus sueños, serás capaz de entender su lenguaje. No hemos comprendido el lenguaje de nuestros propios cuerpos. El cuerpo tiene su propia sabiduría; tienes miles y miles de años de experiencia. Mi cuerpo tiene la experiencia de mi padre, de mi madre, y de sus padres y sus madres, etcétera; siglos y siglos durante los cuales la semilla de mi cuerpo se ha desarrollado para llegar a ser lo que es. Tiene su propio lenguaje. En primer lugar, hay que entenderlo. Una vez que lo entiendas, sabrás lo que es un sueño fisiológico. Entonces, por la mañana, podrás separar los sueños fisiológicos de los sueños no-fisiológicos.

Sólo entonces se abrirá una nueva posibilidad: ser consciente de tu cuerpo etéreo. Sólo entonces, no antes. Te volverás más sutil. Podrás experimentar matices más sutiles de sonidos, de perfumes, de luces. Entonces cuando camines, sabrás que el cuerpo fisiológico está caminando; el cuerpo etéreo no está caminando. La diferencia es clarísima. Estás comiendo. Es el cuerpo físico el que está comiendo, no el cuerpo etéreo. Hay sed etérea, hambre etérea, deseos etéreos, pero estas cosas sólo se pueden ver cuando se conoce el cuerpo físico completamente. Una vez que esto ocurra, conocerás poco a poco los otros cuerpos.

Soñar es una de las cuestiones más importantes. Sigue siendo un terreno inexplorado, desconocido, oculto. Forma parte del conocimiento secreto. Pero ahora ha llegado el momento en que se debe abrir todo lo secreto. Todo lo que ha permanecido oculto hasta ahora debe dejar de estarlo, de lo contrario será peligroso.

En el pasado, fue necesario que algunas cosas permanecieran en secreto porque el conocimiento en manos del ignorante puede ser peligroso. Esto es lo que está ocurriendo con el conocimiento científico en Occidente. Ahora los científicos son conscientes de la crisis y quieren crear ciencias secretas. No se deberían haber dado a conocer las armas nucleares a los políticos. Los nuevos descubrimientos deben permanecer en secreto. Debemos esperar que llegue el momento en que el hombre se vuelva tan capaz que se pueda desvelar el conocimiento sin que esto resulte peligroso.

Del mismo modo, en el reino de lo espiritual, en Oriente se conocían muchas cosas. Sin embargo, si eso llegaba a manos de personas ignorantes podía resultar peligroso, por lo cual se ocultaba la clave. El conocimiento se volvía secreto, esotérico. Se transmitía cautelosamente de una persona a otra. Pero ahora, como consecuencia del progreso científico, ha llegado el momento de revelarlo. La ciencia puede resultar peligrosa si las verdades espirituales, esotéricas, permanecen ocultas. Se deben revelar para que el conocimiento espiritual vaya al mismo paso que el conocimiento científico.

El sueño es uno de los mayores reinos esotéricos. Te he contado algo acerca de él para que puedas empezar a ser consciente, pero no te he desvelado toda su ciencia. No es necesario, ni tampoco te servirá de ayuda. He dejado algunos huecos. Si te adentras, esos huecos automáticamente se cubrirán. Sólo te he revelado la capa superficial.

No es suficiente para que hagas de ello una teoría, pero sí es suficiente para que comiences.

Experimentos con los sueños

Los sueños son realmente importantes. Préstales atención, haz un diario, anótalos. Cuando te levantes por la mañana, al cabo de tres segundos comenzarás a olvidarte de tus sueños. De modo que si realmente quieres recordarlos, lo primero que debes hacer al levantarte, es coger la cola al sueño; ya que realmente será su cola. Tendrás que ir hacia atrás, primero la cola, luego el elefante. Te enriquecerás mucho porque eso te ayudará a entender tu propia conciencia, iluminará tu propio inconsciente. Entenderás muchas de las cosas que has estado haciendo, pero sin tener ninguna explicación de por qué las has estado haciendo.

Te has estado enamorando de un cierto tipo de persona. ¿Por qué? Quizá el sueño te descubra el secreto. Tienes una enfermedad determinada de forma recurrente. ¿Por qué? Quizá el sueño te revele el secreto.

Hay personas que, si son capaces de entender todo su inconsciente, se liberarán de un peso tan enorme como el Himalaya, y se sentirán muy ligeros. No sabes cuánta basura eres capaz de tirar en tu inconsciente a lo largo de veinticuatro horas; tu inconsciente no es una papelera, pero tú le estás dando ese uso. Se abarrota y se vuelve pesado, y sus fragmentos reprimidos no hacen más que afectar a tu vida consciente. Continúas haciendo las mismas estupideces una y otra vez. Tomas la decisión de no hacerlas, pero a pesar de ello, continúas haciéndolas porque no es algo que dependa de ti, sino que depende del inconsciente.

Sueña y recuerda el sueño. Anótalo, intenta entenderlo, y se convertirá en un autopsicoanálisis. No hay mejor psicoanálisis que el autopsicoanálisis porque cuando te analiza otra persona entra en juego su mente. Él lo interpreta y las cosas se vuelven más complicadas.

Un método tibetano

Gurdjieff desarrolló para los sueños un método maravilloso que adoptó de los antiguos tibetanos. Los buscadores tibetanos han trabajado profundamente para comprender los mecanismos del mundo de los sueños. El método consiste simplemente en que, cuando te vayas a quedar dormido, intentes recordar una cosa, sólo una cosa, sólo una rosa. Simplemente visualizar una rosa, y seguir pensando que la verás en tu sueño. Visualízala y no dejes de pensar que en el sueño, sea cual sea, la rosa tiene que estar allí. Visualiza su color, su aroma, todo. Siéntela para que cobre vida dentro de ti, y duérmete pensando en esa rosa.

Al cabo de unos días serás capaz de llevar esa rosa a tu sueño. Será un gran éxito porque habrás creado al menos una parte de tu sueño. Ahora eres el maestro. Al menos una parte del sueño, la rosa, ha llegado. Y en el momento en el que veas la rosa, recordarás inmediatamente que es un sueño.

No hace falta nada más. La rosa y «esto es un sueño» han quedado asociados porque tú has creado la rosa en el sueño. No hacías más que pensar en esa rosa para que se apareciera en el sueño y la rosa ha aparecido. Inmediatamente reconocerás que es un sueño, y cambiará completamente el tipo de sueño, la rosa-sueño y todo lo que rodea al sueño. Te has vuelto alerta.

Entonces podrás disfrutar del sueño de una nueva manera, como una película, y si quieres parar el sueño, no tendrás más que pararlo, apagarlo. No obstante, esto requerirá un poco más de tiempo y práctica. Entonces podrás crear tus propios sueños. No hay necesidad de ser víctimas de los sueños. Puedes crear tus propios sueños, puedes vivir tus propios sueños. Puedes tener un tema justo antes de sumergirte en el sueño; puedes dirigir tus sueños igual que un director de cine. Y puedes crear un tema.

Los tibetanos han utilizado las creaciones de sueños, ya que a través de la creación de sueños puedes cambiar toda tu mente, la estructura. Una vez que tengas éxito con los sueños, podrás tener éxito con el descanso. Sin embargo, para el descanso no hay ninguna técnica ya que no tiene contenido. La técnica sólo funciona con el contenido. Al no haber contenido la técnica no funciona. Pero a través del sueño, aprenderás a ser más consciente, y podrás llevar esa consciencia al sueño.

¿Es real?

Todas las noches, cuando te vayas a dormir; cuando estés justo en el vértice en el que la cortina del sueño va a caer sobre ti, sigues recordando algo, todavía no te has sumergido en la oscuridad del sueño, sigue habiendo un poco de conciencia, y está llegando el sueño; en esos momentos, en esos intervalos entre la vigilia y el sueño, haz una pregunta en tu mente y sigue realizándola a medida que te vayas quedando dormido. Una pregunta muy sencilla: «¿Es real? ¿Es real?». Sigue repitiendo esta pregunta a medida que te vayas quedando dormido, de modo que un día en sueños te puedas preguntar: «¿Es real?». Ése será un día muy dichoso.

Si te puedes preguntar en medio de un sueño, «¿Es real?», el sueño desaparecerá inmediatamente. Preguntas, y el sueño desaparece. De repente tiene lugar un gran despertar en tu interior. En el sueño te vuelves alerta. El sueño continua, de ahí la gran belleza de esta experiencia. El sueño continúa; el cuerpo permanece dormido, la mente permanece dormida, pero hay algo más allá del cuerpo y de la mente que se vuelve alerta; surge un testigo en ti. «¿Es real?»; si te lo preguntas en tu sueño, es muy difícil recordarlo porque cuando duermes te olvidas completamente de ti mismo. De ahí el truco: cuando te estés quedando dormido, no dejes de hacerte esta pregunta: «¿Es real? ¿Es real?». Duérmete repitiéndote esta pregunta.

Al cabo de un periodo de tiempo, entre tres o nueve meses, un día ocurrirá; surgirá de repente la pregunta en el sueño: «¿Es real?». Y tendrás una de las experiencias más profundas de tu vida. En el momento en que haces esa pregunta, el sueño inmediatamente desaparece, y hay un absoluto vacío y silencio. El sueño está ahí, pero a pesar de ello, ha tenido lugar una pequeña llama de consciencia.

Sólo entonces serás consciente de esta vida y de su *ilusoriedad*; entonces serás capaz de ver que el mundo de los deseos, los celos y las ambiciones no es más que un sueño que ves con los ojos abiertos. Si eres capaz de ver que este mundo también es un sueño, te hallarás al borde de la iluminación.

No obstante, recuerda una cosa, la creencia no ayuda. Puedes creer que este mundo es ilusorio; en la India hay millones de personas que creen y que repiten continuamente, como loros: «Este mundo es *maya*, ilusión», etcétera. Y lo que dicen no son más que tonterías, estupideces, porque no es una experiencia auténtica. Han oído que la gente lo dice, y ellos lo repiten. No es algo que sepan por ellos mismos, no han sido testigos de ello, por lo tanto nunca cambia sus vidas. Siguen repitiendo: «Este mundo es irreal», y siguen viviendo en este mundo igual que aquellos que piensan que es real; no hay ninguna diferencia, ninguna diferencia cualitativa.

Una técnica de Atisha

El místico tibetano Atisha dio la siguiente técnica:

Piensa que todos los fenómenos son como sueños.

Por «fenómenos» se entiende todo aquello que ves, todo aquello que experimentas. Todo aquello que se pueda experimentar son fenómenos. Recuerda, no sólo los objetos del mundo son fenómenos y sueños, también lo son los objetos de la consciencia. Puede que sean objetos del mundo o puede que sólo sean objetos de la mente. Puede que sean grandes experiencias espirituales. Puede que veas la kundalini elevándose en tu interior: eso también es un fenómeno, un bello sueño, un sueño muy dulce, pero a pesar de todo, un sueño. Puede que veas una gran luz que inunde tu ser, pero esa luz también será un fenómeno. Puede que veas lotos floreciendo en tu interior y una intensa fragancia que surja dentro de tu ser: todas esas cosas son fenómenos porque tú eres siempre el observador y nunca lo observado; eres siempre el que experimenta, y nunca lo experimentado, eres siempre el testigo, y nunca aquello de lo que se es testigo.

Todo aquello de lo que se puede ser testigo, que puede ser visto, observado, es un fenómeno. Fenómenos materiales, fenómenos psicológicos, fenómenos espirituales; son todos iguales. No hace falta establecer ninguna distinción. La idea básica que hay que recordar es que aquello que se puede ver es un sueño.

Piensa que todos los fenómenos son sueños.

Ésta es una técnica muy poderosa. Empieza a contemplar de esta manera: si estás caminando por la calle, contempla que la gente que pasa son todos sueños. Las tiendas, sus tenderos, los clientes y los viandantes son todos sueños. Las casas, los autobuses, el tren, el avión son todos sueños.

Te sentirás inmediatamente sorprendido por algo realmente importante que ocurrirá en tu interior. En cuanto pienses «son todos sueños», de repente, como una llamarada, te llegará esta visión: «Yo también soy un sueño», dado que si lo visto es sueño, entonces, ¿quién es el «*yo*»? Si el objeto es un sueño, el sujeto también será un sueño. Si el objeto es falso, ¿cómo va a ser verdad el sujeto? Es imposible.

Si lo contemplas todo como un sueño, de repente, descubrirás que algo se desprende de tu ser: la idea del ego. Es la única forma de eliminar el ego, y la más fácil. Inténtalo, medita de esta manera. Si meditas continuamente de esta manera, un día se producirá el milagro: mirarás en tu interior y no encontrarás el ego.

El ego es un producto, un producto de la ilusión de que todo lo que ves es verdad. Si crees que los objetos son verdad, el ego puede existir; es un producto. Si crees que los objetos son sueños, el ego desaparece. Y si no dejas de pensar que todo es sueño, entonces un día por la noche, en un sueño, te sorprenderá: ¡de repente, en el sueño te acordarás de que eso también es un sueño! E inmediatamente, en cuanto lo recuerdes, el sueño desaparecerá. Por primera vez te experimentarás a ti mismo en profundo sueño, pero despierto; una experiencia muy paradójica, pero muy beneficiosa.

Una vez que hayas visto a tu sueño desaparecer porque hayas sido consciente de él, la cualidad de tu consciencia tendrá un nuevo sabor. A la mañana siguiente despertarás con una cualidad totalmente diferente que nunca antes habías conocido. Despertarás por vez primera. En ese momento te darás cuenta de que todas las otras mañanas fueron falsas, no estabas realmente despierto. Los sueños continuaban; la única diferencia era que por la noche soñabas con los ojos cerrados y durante el día soñabas con los ojos abiertos. Sin embargo, si el sueño ha desaparecido porque la conciencia ha ocurrido, de repente eres consciente en el sueño... Y recuerda, la consciencia y el sueño no pueden coexistir. En cuanto surja la consciencia, desaparecerá el sueño. Cuando comiences a estar alerta mientras duermes, la mañana siguiente será tan importante que será incomparable. Nunca te había ocurrido nunca algo así. Tu mirada será realmente limpia, realmente transparente, y todo parecerá muy psicodélico, muy colorido, muy vivo. Hasta las rocas parecerán respirar, palpitar; incluso las rocas tendrán latidos. Cuando estás despierto, toda la existencia cambia de cualidad.

Vivimos en un sueño. Estamos dormidos, incluso cuando creemos que estamos despiertos.

Piensa que todos los fenómenos son como sueños.

Primero, los objetos pierden su objetividad. Y segundo, el sujeto perderá su subjetividad. Y eso te conduce a una trascendencia. El objeto ya no es importante, el sujeto ya no es importante, entonces, ¿qué queda? Una consciencia trascendental: *bodichitta*; un mero presenciar, sin idea de «yo» ni de «tú», sólo un mero espejo que refleja lo que hay.

Permanece alerta durante el día

Intenta experimentar esto durante unos meses. No reprimas nada. Deja que te llegue todo aquello te llegue por los ojos, todo. No condenes nada porque la condena provoca represión. Imagina que te llega un pensamiento sexual y dices que es malo, que es un pecado; inmediatamente comenzará la represión. Aunque no hayas dicho que sea malo, que sea un pecado, pero lo contemplaste de mala gana, sentiste que habría sido mejor que no lo hubieras visto, entonces comenzará la represión. Le dices a la existencia: «Dios mío, ¿qué me estás mostrando?». La represión ha comenzado inmediatamente. Cada vez que juzgas si es bueno o malo, o te quejas o te arrepientes, o te sientes culpable o tratas de evaluarlo, comienza la represión.

De modo que deberías contemplar todo pensamiento como si no tuviera nada que ver contigo. Lo deberías contemplar como contemplas las flores de un árbol, o como contemplas las nubes que flotan en el cielo, o como contemplas a la gente que pasa por la calle. No tienes nada que ver con ellos. Simplemente contémplalos sin ningún prejuicio ni ninguna parcialidad, entonces todos los instintos aparecerán en su forma completa, por un momento puede que sientas que te has vuelto loco: «¿Qué le está ocurriendo a mi moralidad, a mi religión, a mi carácter? Todo se está desmoronando. Mi reputación, que he construido con tan arduo esfuerzo, se está resquebrajando». A pesar de ello, no te sientas atemorizado, mantén la calma. Esto es algo que requiere valentía, y este tipo de valentía realmente es austeridad. No necesitas valentía para permanecer de pie bajo el sol o para estar desnudo en la nieve. Estas cosas se pueden lograr con un poco de práctica. La mayor valentía consiste en ser capaz de verte a ti mismo como si estuvieras dentro de ti mismo. Y eso provoca una transformación, eso provoca una revolución interior.

Simplemente contempla, y en cuanto comiences a contemplar, los sueños empezarán a desaparecer porque todo lo que hayas visto en tu estado de vigilia, no se mostrará en tu sueño. Entonces no habrá necesidad de mostrarte lo que ya has visto. Tus noches no tendrán sueños y si tus noches no tienes sueños, alcanzarás el *samadhi*.

Patanjali dijo que hay muy poca diferencia entre *sushupti*, el descanso sin sueños, y el *samadhi*; muy poca diferencia. Ambos tienen lugar cuando los sueños han desaparecido; la diferencia es que el *sushupti* es inconsciente y el samadhi es alerta.

¿Te has dado cuenta alguna vez de que por la mañana cuando te despiertas, puedes recordar que has soñado, que has soñado durante toda la noche? Eso significa que hay cierta conciencia en ti, que ve los sueños, que reconoce los sueños y que recuerda los sueños. Si todos los sueños desaparecen, esta conciencia que estaba ocupada viendo los sueños, ahora verá el *samadhi* porque entonces ya no habrá sueños, el camino ya no tendrá viajeros, estará solitario y desierto. Ahora se podrá ver el camino solitario. Por la mañana cuanto te levantes, dirás que viste el *sushupti* y que no viste sueños. Y ver el *sushupti* es *samadhi*. El camino estaba solitario, no había ninguna multitud. No había nadie, por eso se podía ver el camino. Se podía ver el cielo porque no había nubes. El cielo se cubre de nubes como consecuencia de los sueños; el *sushupti* se cubre y el *sushupti* es *samadhi*.

Cada noche llegas al lugar al que llegó Buda. Cada noche llegas al lugar en el que habita Shankara. Sin embargo hay una multitud entre tú y el *samadhi*. Hay una gran feria entre tú y el *samadhi*. Y eres tú el que ha reunido a toda esa multitud y a ese circo. No haces más que recoger toda esa basura al afrontar la vida de forma equivocada. Enfréntate a ella a cada minuto. Observa correctamente lo que llega frente a ti. No dudes ni siquiera un segundo en mirar correctamente. Entonces no tendrá razón alguna para aparecerse en tus sueños. La ves en tus sueños porque no la contemplaste correctamente durante el día, de modo que insiste en volver una y otra vez.

Recuerda: no juzgues

Nietzsche afirma: «Antes de que puedas alcanzar la copa del árbol y puedas comprender a las flores que allí florecen, tendrás que ahondar en sus raíces porque el secreto se encuentra allí. Cuanto más profundas sean las raíces, más alto será el árbol». De modo que cuanto más anheles la comprensión, la consciencia cósmica —porque ése es el loto supremo, el paraíso de los lotos—, más tendrás que ahondar en las profundas raíces enterradas bajo la oscuridad de la tierra; sólo hay un camino.

Lo puedes llamar meditación, lo puedes llamar consciencia, lo puedes llamar contemplación; todos ellos conducen a una misma cosa: que tú te vuelves más alerta, en primer lugar sobre tu mente consciente, sobre lo que ocurre en tu mente consciente... Es una experiencia maravillosa. Es realmente jubiloso, un panorama espectacular.

Cuando yo era pequeño en mi ciudad no había películas, no había cine. Ahora sí que hay, pero en mi niñez no había. La única cosa que teníamos era que de vez en cuando aparecía un hombre de esos que van de pueblo en pueblo con una gran caja. No sé cómo se llaman. Tiene una pequeña ventanita. Él la abre y tú miras por ahí. A la vez que él mueve una manivela, tú vas viendo en el interior una película, y él va contando la historia de lo que ocurre.

Me he olvidado de todo lo demás, pero hay una cosa que no me puedo olvidar por una razón concreta. La razón, ya sé cuál es, es que era la que venía en todas esas cajas que llegaban a mi pueblo. Las vi todas porque sólo costaba un peso. Además, el espectáculo no era muy largo, sólo cinco minutos. En cada caja había diferentes películas, pero había una que siempre estaba: la lavandera desnuda de Bombay. ¿Por qué estaba en todas? Una señora muy gorda desnuda, la lavandera desnuda de Bombay. Siempre estaba... quizá fuera una gran atracción, o la gente era realmente aficionada de esa lavandera desnuda, y era feísima. Además, ¿por qué de Bombay?

Si empiezas a mirar... cuando tengas tiempo, siéntate y observa lo que pasa por tu mente. No hay necesidad de juzgar porque si juzgas, la mente inmediatamente cambia las escenas de acuerdo contigo. La mente es muy sensible, muy susceptible. Si siente que estás juzgando, empieza a mostrar cosas que son buenas. Entonces no te mostrará a la lavandera desnuda de Bombay, te perderás esa película. Así que no juzgues, y verás cómo llega esa película.

No juzgues, no condenes en absoluto, no hagas ninguna apreciación. Sé indiferente. Simplemente siéntate en silencio contemplando las cosas, todo lo que ocurra. Y ocurrirán cosas absurdas: un caballo se convierte en hombre... No necesitas preguntar por qué, no hace falta preguntar, simplemente observa.

Sólo tienes que ser un observador de todo aquello que ocurra. Ésa es la estrategia que ayuda a que lentamente desaparezca todo el decorado de la mente consciente. Y cuando la mente consciente desaparece de la pantalla, el subconsciente es muy colorido, tiene mucho más sentido, es mucho más sincero.

No obstante, recuerda no juzgar, de lo contrario el subconsciente se escabullirá y volverás a la consciencia.

De modo que sólo tienes que hacer dos cosas: primero no juzgar, segundo sólo estar alerta.

Poco después verás cómo esas imágenes también desaparecerán. Entonces aparecerá el inconsciente que tiene cosas muy extrañas que decirte, muy misteriosas. No tienes que tener miedo, son voces del pasado, de tus vidas pasadas y de las vidas pasadas de otras personas. Ahora te estás dirigiendo a un bosque más denso, inmenso. No tengas miedo. Las voces son muy potentes, y no sólo hay voces...

El inconsciente no sólo recuerda las voces, las imágenes, recuerda todas las experiencias de todos tus sentidos. Olerás cosas que nunca has olido; sin embargo, alguna vez en alguna vida pasada, en algún lugar, debiste oler aquella fragancia; está todavía ahí. Puede que oigas una música desconocida. Puede que oigas idiomas totalmente desconocidos para ti. Puede que pruebes comidas desconocidas. Los cinco sentidos te proporcionarán experiencias de muchas, muchas vidas. Simplemente tienes que seguir siendo un observador, sin juzgar. Entonces esas cosas comenzarán a desaparecer.

Cuando el inconsciente colectivo se abre, tienes a tu disposición los animales, los árboles y los pájaros. No estás separado de ellos. Puede que las historias como la de san Francisco sean ciertas, pero no tienen nada de milagroso. Este hombre es quizá uno de los hombres más importantes de la historia cristiana porque hablaba a los pájaros, a los animales, y ellos le entendían. Él simplemente se sentaba en la ribera del río y empezaba a llamar a los peces, y los peces empezaban a saltar a su alrededor, a escucharlo. Entonces él les hablaba y les decía: «Hermanos, ¿cómo están?». Sus discípulos pensaban que estaba loco, pero no podían decir eso ya que veían que los peces le estaban escuchando, que estaban asintiendo con la cabeza. También al burro que utilizaba para desplazarse lo llamaba «hermano burro». Sólo tenía que decir: «Hermano burro, ve a la derecha», y el burro iba hacia la derecha.

Cuando se estaba muriendo, sus últimas palabras no se las dijo a ningún hombre, se las dijo al burro. Le dijo: «Gracias, hermano burro; me has llevado toda tu vida y te estoy muy agradecido», y el burro tenía los ojos llenos de lágrimas. Cuando san Francisco murió, también se murió el burro, no pudo soportar la separación.

Sin embargo, no hay nada de milagroso en esto. Este hombre se había movido a través del inconsciente colectivo; quizá sólo una vida más y será capaz de entrar en el inconsciente colectivo, y desde allí comienza el vuelo ascendente.

Es extraño: si quieres ir más allá de la consciencia, tienes que ir por debajo de la consciencia, pero sólo hay un método. Yo lo denomino meditación. Meditación equivale a contemplación, consciencia, actitud alerta.

Respuestas a las preguntas

En respuesta a un sueño que te envié, me dices que los sueños son sueños, sin ningún sentido. ¿Por qué dices eso? No lo entiendo.

No sólo te digo que los sueños son sueños, te digo que todo lo que ves cuando estás despierta también es sueño. Los sueños que ves con los ojos cerrados cuando estás descansando, y los sueños que ves con los ojos abiertos en tu llamado estado de vigilia, ambos son sueños y ambos carecen de sentido.

La persona que me ha hecho esta pregunta se debe haber sentido herida, porque te gustaría que tus sueños tuvieran un sentido. Por eso el psicoanálisis se ha vuelto tan importante. La gente es tonta: quieren que sus sueños también tengan un gran significado. Sus vidas no tienen el menor sentido, ¿y quieren que sus sueños tengan significado?

No tienes ningún sentido ahora; no lo puedes tener. El sentido surge cuando estás fluyendo, cuando fluyes con la existencia. El sentido es algo que ocurre entre tú y la existencia, cuando están afinados. No hay ningún otro sentido. Todos los otros sentidos son mera ilusión.

Trata de entender lo que quiero decir con «sentido». Sentido es cuando existe armonía entre tú y el todo. Cuando se produce una danza sutil y vas acompasado con el todo, tiene sentido. La vida es una orquesta, y si empiezas a tocar tu sólo de flauta y te olvidas de la orquesta, no tiene sentido. Serás una molestia. Y hagas lo que hagas, no sólo no tendrá sentido, sino que irá en contra del sentido. Es mejor que pares. ¡Para, por Dios! Cuando estás fluyendo con el todo y no queda nada del individuo, del ego, tiene sentido. Con el ego no tiene sentido porque el ego es una nota desafinada, el ego es un ruido, el ego en una resistencia contra el todo.

El ego dice: «Estoy separado y tengo mi propio destino privado». De ahí que la gente egoísta, en lo más profundo siempre sienta que sus vidas no tienen sentido. Hoy en día, la sensación de falta de sentido prácticamente se ha convertido en algo normal, en un lugar común. Todo el mundo habla sobre la falta de sentido. Las personas son ricas, están bien alimentadas, viven bajo un buen techo. De hecho, por primera vez en la historia unos pocos países han llegado a un punto en el que se han liberado de la pobreza, de toda la fealdad y de todas las limitaciones que esta conlleva. Son libres. Sin embargo, en el momento en que son libres, empiezan a sentir que no tienen sentido.

La gente pobre no está tan preocupada por la falta de sentido, porque tienen que ganar dinero, tienen un sentido; tienen que enviar a sus hijos a la universidad, tienen un sentido; van a construirse una buena casa en algún lado en el futuro, están ahorrando dinero para eso, poco a poco, algún día tendrán un buen coche; tienen un sentido.

De repente, un día, lo tienes todo: una buena vida, ropa buena, buena comida. Entonces el sentido desaparece. La persona pobre siempre parece que tiene esperanza. Siempre puedes ver un atisbo de esperanza en los ojos del pobre. Sin embargo, los ojos del rico se vuelven nublados, borrosos; desaparece la esperanza. Los ojos del rico se convierten en una especie de desierto, sin oasis, sin esperanzas. ¿Qué es lo que ocurre? Todo lo que hasta ahora había pensado que tenía sentido ya no lo tiene porque ya lo ha conseguido. De repente, es consciente del gran vacío de su interior.

El sentido tiene lugar, el verdadero sentido tiene lugar sólo cuando comienzas a estar en armonía con la existencia, o con el todo, o lo puedes llamar cosmos, o como quieras. Cuando estás en armonía con el todo surge una gran bendición. Te rodea una inmensa gracia. Tu corazón está lleno, colmado; una satisfacción, paz y serenidad profundas. Tiene sentido.

Por eso digo que los sueños son sueños; no te preocupes por ellos. Si quieres algún sentido, lo puedes tener. Puedes ir al psicoanalista, les encontrará un sentido. Tiene ya un sentido preparado para ti. Sea cual sea el sueño que le lleves, impondrá su sentido en él.

¿Viste el Taj Mahal en tu sueño? El psicólogo freudiano dirá que son pilares fálicos, de modo que es un sueño sexual. Si vas al adleriano te dirá que todos los problemas surgen del complejo de inferioridad. ¿Has visto el Taj Mahal? Pues eso quiere decir que quieres ser como el Taj Mahal: superior, grande, único. Si vas al jungiano encontrará cualquier otro significado. Puedes acudir a muchos psicoterapeutas y cada uno encontrará un significado distinto. El significado no surge de ti, sino del psicoanalista.

Yo no soy un psicoanalista. Sin embargo, la gente se siente muy bien cuando van al psicoanalista y este escucha con gran atención todas sus tonterías. No hay nadie que escuche tus tonterías con tanta atención. ¿Por qué iban a hacerlo? El psicoanalista tiene que hacerlo; le pagas por ello, de modo que te escucha con gran atención. ¡Es tu momento! En realidad, ¿a quién le interesa? Hasta el propio psicoanalista lo único que hace es fingir que está escuchando.

Una vez oí la siguiente anécdota acerca de Freud:

Un joven aprendiz estaba trabajando con él. Era joven y estaba lleno de energía, pero escuchar los sueños estúpidos de la gente durante todo el día es una tarea agotadora, aburrida, carente de interés. Sin embargo, a él le sorprendía ver a Freud: siempre estaba lleno de energía, nunca se aburría. Un día, por la tarde, cuando se iba a marchar de la consulta, le preguntó a Freud: «Tú eres ya mayor, tienes muchos años, pero nunca estás cansado. Además estás desde por la mañana hasta por la noche escuchando continuamente cosas neuróticas y sin sentido. En cambio, yo, después de dos o tres pacientes, estoy completamente agotado».

Freud se rio, y le contestó: «Pero ¿quién te ha dicho que esté escuchando?».

Sólo tienes que fingir que estás escuchando, sólo tienes que aprender el truco de fingir que estás escuchando, que estás muy interesado. ¡Lo único que te interesa es el dinero que te va a pagar! Sin embargo el paciente se siente muy bien: «Aquí hay una persona que me escucha atentamente».

Los seres humanos tienen grandes deseos de que alguien escuche sus desdichas. Eso les hace sentirse liberados de un peso, y les da la sensación de que alguien los ama, se preocupa por ellos. Por eso no dejas de hablar de tus desgracias. Todo el mundo está continuamente hablando de sus desdichas, de sus enfermedades, de esto, de lo otro, y quiere que la otra persona sienta cierta empatía. Sientes que no estás solo. Además, cuando estás contando tus sueños sin sentido y el psicoanalista te da explicaciones maravillosas, grandes teorías, de repente, te sientes muy importante, no eres una persona común; ¡no hay más que ver los sueños tan estupendos que tienes! Puede que no hayas creado un gran cuadro como Picasso, y que tampoco hayas escrito ningún gran libro como Shakespeare, ¿y qué? Has tenido unos sueños tan maravillosos que hasta los mismos Freud, Jung y Adler los están interpretando; ¡y los interpretan de maravilla!

Sin embargo, todo eso son tonterías; un sueño es un sueño.

Te contaré una famosa anécdota zen:

Un maestro zen se levantó por la mañana y vio a un discípulo que pasaba. Le llamó y le dijo: «¡Ven! He tenido un sueño muy bonito. ¿Te importaría interpretarlo?».

Él le contestó: «Espera. Voy a traer un cubo de agua. Por favor, lávate la cara».

El maestro esperó. El discípulo le llevó el cubo de agua, y él se lavó la cara. En ese momento pasó otro discípulo, y el maestro lo llamó. Le dijo: «Oye, ven aquí. He tenido un sueño muy bonito. ¿Te importaría interpretarlo?».

Él le contestó: «Espera. ¿Te has lavado la cara? Te voy a traer una taza de té». Y le llevó una taza de té. El maestro, muy contento, exclamó: «¡Si hubieran intentado interpretarlo, los habría echado a ambos del monasterio!».

Ésa es la interpretación correcta: ¿Tuviste un sueño? ¡Pues lávate la cara y olvídate de él! ¿Todavía lo recuerdas un poco? Pues tómate un té, pero ¡olvídate de él! ¡Es un sueño! ¿Qué hay que interpretar?

Sólo hay que recordar una cosa: que soñabas porque estabas inconsciente. Ahora estás intentando interpretarlo, sigues apegándote a él. Ocurrió porque estabas profundamente dormido.

Se dice que Buda dijo que los sueños son como los ladrones: cuando la casa está oscura, sin ninguna lámpara, los ladrones se interesan por ella. Se acercan, escudriñan a través de las ventanas, y si el dueño está profundamente dormido, mucho mejor. Si el guardián ya no está de guardia, perfecto; entran.

Los sueños son como ladrones. Cuando hay un guardián en la puerta, los ladrones se mantienen alejados. Cuando hay luz en el interior de la casa y las ventanas están completamente iluminadas, no se atreven a acercarse. Y cuando ven que el dueño está completamente despierto y moviéndose, y ven a la gente hablar y cantar, y moverse, y ven sombras, no se les ocurre acercarse.

Los sueños ocurren porque durante el descanso no eres consciente. Y los sueños también continúan teniendo lugar en tu estado de vigilia porque en ese momento también tu consciencia es así-así, más bien floji-lla, nada del otro mundo.

De modo que piensa en los sueños como símbolos únicamente en este sentido: prueban que todavía no estás lo suficientemente alerta, eso es todo.

La persona que me está haciendo esta pregunta me escribió una lar-ga carta contándome un sueño que ella había tenido. Mi mensaje fue: los sueños son sueños, sin ningún significado; no te preocupes demasiado por ellos. Sólo hay una cosa importante: cuando los sueños ocurren en tu des-canso, pierdes toda consciencia. Durante el día tampoco eres muy cons-ciente; por lo tanto, sé más consciente. No prestes demasiada atención a los sueños, de lo contrario se puede convertir en un juego muy peligroso. Empiezas a jugar con los sueños —con su significado, con sus símbolos, con sus mitos, y no cejas—, una capa tras otra, ¡y te habrás perdido!

Una tarde Mulla Nasruddin estaba entrando en la ciudad cuando de repente vio un montón de estiércol de vaca en el camino. Se inclinó un poco y la observó con atención.

«Pues sí, parece que sí es», se dijo a sí mismo. Se inclinó aún más y la olió: «Huele igual».

Con mucho cuidado la tocó con el dedo, y luego la probó: «Sabe igual. ¡Menos mal que no la pisé!».

¡Ten cuidado con el análisis!

Desde que empecé a recordarme a mí mismo que fuera más consciente en mis sueños, han ocurrido tres cosas. En primer lugar, parece que mis sueños se están retirando más profundamente a las honduras de mi descanso. En segundo lugar, en cuanto soy consciente de mis sueños, despierto. Esto puede ocurrir varias veces a lo largo de la noche, y entonces tengo que tratar de volver a dormirme. En tercer lugar, parece que hay una parte de mí, que disfruta entreteniéndose con los sueños, y que, en cuanto el sueño se apodera de mí, alienta todo este espectáculo con gran regocijo. ¿Podrías arrojar un poco de luz sobre todo esto?

Te has dado cuenta de tres cosas, pero en realidad ocurren cuatro, y la cuarta es la más importante. La que te falta en tu enumeración es que hay una parte de ti que está consciente, observando. Esa parte presta atención a las otras tres cosas: que los sueños se van adentrando más en el inconsciente, que cada vez que eres consciente de un sueño te despiertas, y que hay una parte de ti que disfruta soñando. Estas tres cosas son ciertas, pero no son tan importantes como la cuarta, la que se ha fijado en las otras tres.

De modo que sigue haciendo lo que estás haciendo, simplemente sé consciente también de la cuarta. Presta más atención, ponle más interés a la cuarta, porque ésa es la única cosa real en ti, el observador.

Todas estas cosas desaparecerán poco a poco. En primer lugar, los sueños ahondarán aún más en el inconsciente, pero si continúas, llegarán al fondo del inconsciente. De allí ya no podrán ir a ningún otro lugar y tendrán que enfrentarse a ti.

Si sigues practicando este ejercicio, te despertarás a cada momento porque serás consciente de que es un sueño. Es importante que a medida que tu ejercicio se vuelva más sólido, te vayas despertando cada vez menos, porque los sueños serán cada vez menos numerosos.

En tercer lugar, a medida que pase el tiempo, verás que la parte que disfruta con el sueño es en realidad una parte insatisfecha de tu vigilia cuya presencia no has estado permitiendo. Hay muchas cosas que disfrutar, muchas de ellas parecen infantiles y no las disfrutas por miedo a lo que pueda pensar la gente. Todo el mundo en el baño disfruta haciendo cosas que no haría en público: poner caras delante del espejo...

Si permites esta parte de tu mente que quiere disfrutar, sólo significa que es una parte reprimida de tu propia infancia que ha sido forzada a ser seria. Ningún niño nace serio. Todos los niños están llenos de alegría, dispuestos a cualquier diversión. Pero la sociedad adulta quiere que crezcan lo antes posible; si no puede ser en edad, al menos en comportamiento.

Esta parte reprimida disfruta tus sueños. Si permites que surja durante la vigilia; el disfrute de las pequeñas cosas, sin importarte lo que el mundo piense al respecto... La opinión de los demás no significa nada. Tienes que vivir tu vida de acuerdo con tus propias fuentes internas, no de acuerdo con la opinión de nadie más. Si permites que esta parte se manifieste, desaparecerá del mundo de los sueños. Había entrado allí porque no tenía otra manera de ser satisfecha.

Presta más atención al observador que está detrás de toda la escena, viendo todas las cosas que ocurren. Muy pronto llegará el día en que sólo quede el observador; y el día en que puedas contemplar tu propio sueño... Y recuerda que contemplar el sueño no es algo que perturbe el sueño. Observar no es una actividad. La palabra tiene una connotación equivocada; no es una actividad, no es más que un espejo. Ahora hay un espejo que refleja las cosas, pero reflejar no es una actividad. No es más que la naturaleza del espejo que refleja todo aquello que tenga delante. Es exactamente la misma situación que la acción de ser testigo; no es más que un espejo. Puede reflejar tu vigilia, puede reflejar tu sueño, pero no perturba nada. Verte a ti mismo dormido es una de las experiencias maravillosas que existen, y constituirá la base para que puedas verte a ti mismo despierto.

Al final te ayudará a verte a ti mismo morir. El observador es eterno, es inmortal: puede verte durmiendo, puede verte muerto.

En la India, Alejandro Magno amenazó a un místico. Desenvainó su espada y le dijo: «¡Si no vienes conmigo a Grecia te cortaré la cabeza! En un segundo tu cabeza estará rodando por el suelo».

El místico le contestó: «Pues no esperes, hazlo ya. Tú verás la cabeza en el suelo y yo también la veré».

Alejandro se quedó un poco asombrado y replicó: «¿Qué quieres decir con eso de que tú verás la cabeza en el suelo? ¡Si tendrás la cabeza en el suelo!».

Él le respondió: «Sí, mi cabeza estará en el suelo, pero mi realidad es mucho mayor que mi cabeza o mi cuerpo. Puedes cortarme todo el cuerpo en trocitos, pero lo veré al igual que lo verás tú. La única diferencia es que tú no serás capaz de verme, pero yo seré capaz de verte a ti cortando mi cuerpo en pedazos. He ahí el secreto del misticismo.

»De modo que en vez de esperar, ¡córtame la cabeza! En cualquier caso, ya no me sirve. La he utilizado, y he llegado a un punto en que ya no la necesito. Puedes cortarme también cualquier otra parte del cuerpo. Si disfrutas cortando, corta todo lo que quieras, cientos de pedacitos. Pero recuerda esto: no me puedes amenazar porque para mí la muerte no significa nada».

Resulta difícil, difícil incluso para un hombre como Alejandro, herir a una persona así. Volvió a envainar su espada y le dijo: «Perdóname. No sé cómo son los místicos orientales. Lo único que ocurre es que mi maestro —su maestro era Aristóteles— me pidió que le llevara un *sannyasin* de la India cuando volviera, y no podía hacer caso omiso de su petición. He hablado con muchos *sannyasin*, pero no me parecieron dignos de llevármelos. Tú eres el hombre que a Aristóteles le encantaría ver, pero no quieres venir. Estoy dispuesto a darte lo que quieras. Serás un invitado real. Vivirás en el palacio y se te proveerá de todo aquello que necesites para tu comodidad».

Sin embargo, el místico le dijo: «Imposible. Yo jamás obedezco a nadie. Erraste desde un principio. Me lo ordenaste. Si me lo hubieras pedido puede que hubiera ido, pero ahora es demasiado tarde. Además me amenazaste. De modo que no puedo ir con una persona que es incapaz de darse cuenta de con quién está hablando. ¡Estás ciego!».

«En Oriente, nadie amenaza a un hombre así. Limítate a decirle a tu profesor que si quiere conocer a auténticos *sannyasin*, tendrá que venir aquí. Es la única manera. Ningún *sannyasin* va a ir contigo, por la simple razón de que estas personas viven en libertad, no se les puede aprisionar, ni siquiera en jaulas de oro. No obstante, dale este mensaje a tu profesor, y dile también que no te ha enseñado nada importante; no es más que un profesor, no es un maestro».

Desde tan lejos, con sólo mirar a Alejandro y observar su comportamiento, el místico llegó a una conclusión muy cierta sobre Aristóteles, realmente era un profesor, no un maestro. No era más que un lógico. No era un hombre que conociera.

Después de ver a este místico, Alejandro perdió todo interés en Aristóteles. Era inevitable, ya que sabía que Aristóteles era avaricioso, miedoso. Cuando era pequeño, Aristóteles solía ir a enseñarle, pero Alejandro le decía: «Hoy no quiero tener clase. Haz de caballo y yo te montaré». Y Aristóteles hacía de caballo y Alejandro se montaba sobre él.

En ese momento Alejandro conoció un tipo de hombre distinto. No lo puedes amenazar siquiera con una espada. Además te reta a que le cortes la cabeza. Y aquello que dijo...: «Yo también lo veré». La observación, la contemplación, es algo completamente separado del cuerpo, de la mente.

Lo más importante es que continúes practicando ese ejercicio, entonces poco a poco el sueño desaparecerá, y con eso, dejarás de despertarte continuamente. Mientras esperas que esto ocurra, disfruta de todo por muy infantil que te parezca; al menos aquí, conmigo, nadie te va a juzgar. Esta es una de las cosas básicas de la escuela de los misterios, no juzgar a nadie. Todo el mundo tiene que hacer aquello que le apetezca, lo que le encante hacer, lo que disfrute hacer. Entonces sólo quedará la contemplación. Ésta es la fuente a la que quiero que llegues desde cualquier punto.

Para más información

Para más información acerca de Osho, la meditación y el OSHO International Meditation Resort, visita:

www.OSHO.com

Facebook.com/Oshointernational

YouTube/OSHOInternational

Si quieres acceder a las OSHO Talks originales en inglés visita: *https://www.audible.com/author/Osho/*

Acerca del autor

Osho desafía cualquier intento de clasificación. Sus miles de charlas abarcan desde la búsqueda individual de sentido, hasta los problemas sociales y políticos más urgentes de la sociedad actual. Los libros de Osho no fueron escritos, sino transcritos a partir de grabaciones de audio y video de sus charlas espontáneas ante audiencias internacionales. Como él mismo dice: «Recuerda: lo que estoy diciendo no es sólo para ti... también hablo para las generaciones futuras».

El *Sunday Times* de Londres lo ha descrito como uno de los «1000 creadores del siglo XX», y el escritor estadounidense Tom Robbins lo llamó «el hombre más peligroso desde Jesucristo». El *Sunday Mid-Day* (India) lo incluyó entre las diez personas —junto con Gandhi, Nehru y Buda— que han cambiado el destino de India.

Sobre su propia obra, Osho afirmó que está ayudando a crear las condiciones para el nacimiento de un nuevo tipo de ser humano. A este nuevo ser lo describe a menudo como «Zorba, el Buda»: capaz de disfrutar tanto de los placeres terrenales de un Zorba, el griego, como de la serenidad silenciosa de un Gautama, el Buda. El hilo conductor de todas sus charlas y meditaciones es una visión que integra tanto la sabiduría intemporal de todas las épocas pasadas, como el máximo potencial de la ciencia y la tecnología actuales (y futuras).

Osho es reconocido por su contribución revolucionaria a la ciencia de la transformación interior, con un enfoque de la meditación que toma en cuenta el ritmo acelerado de la vida contemporánea. Sus exclusivas OSHO Active Meditations® están diseñadas primero para liberar las tensiones acumuladas en el cuerpo y la mente, de modo que luego sea más sencillo experimentar la quietud y la relajación sin pensamientos en la vida diaria.

Está disponible en español una obra autobiográfica del autor:

Autobiografía de un místico espiritualmente incorrecto, de Editorial Kairós.

Acerca del Osho International Meditation Resort

Ubicación:

Situado a 100 millas al sureste de Mumbai, en la próspera y moderna ciudad de Pune, India, el OSHO International Meditation Resort es un destino vacacional diferente. El Resort de Meditación se extiende sobre 28 acres de espectaculares jardines en una hermosa zona residencial arbolada.

Meditaciones OSHO

Un programa diario completo de meditaciones para todo tipo de personas incluye tanto métodos tradicionales, como revolucionarios, en particular las OSHO Active Meditations®. Las meditaciones se llevan a cabo en lo que podría ser el salón de meditación más grande del mundo: el Auditorio OSHO.

OSHO Multiversity

Sesiones individuales, cursos y talleres abarcan desde artes creativas hasta salud holística, transformación personal, relaciones y transiciones de vida, la integración de la meditación como estilo de vida en lo personal y lo laboral, ciencias esotéricas, y el enfoque «Zen» para el deporte y la recreación.

El secreto del éxito de la OSHO Multiversity radica en que todos sus programas se combinan con la meditación, apoyando la comprensión de que, como seres humanos, somos mucho más que la suma de nuestras partes.

Gastronomía

Diversos espacios ofrecen deliciosa comida vegetariana occidental, asiática e india —la mayoría cultivada de manera orgánica especialmente para el resort. Panes y pasteles se hornean en la propia panadería del lugar.

Vida nocturna

Cada noche hay múltiples actividades para elegir —¡el baile ocupa el primer lugar! Otras opciones incluyen meditaciones de luna llena bajo las estrellas, espectáculos variados, presentaciones musicales y meditaciones aplicadas a la vida diaria.

También puedes simplemente disfrutar de encuentros en el Plaza Café, o pasear en la serenidad nocturna de los jardines de este entorno de cuento de hadas.

Instalaciones

En la Galería puedes adquirir todos los productos básicos y artículos de tocador. La OSHO Multimedia Gallery ofrece una amplia gama de productos multimedia de OSHO. Además, el campus cuenta con banco, agencia de viajes y un Cyber Café. Para quienes disfrutan de las compras, Pune ofrece de todo: desde productos tradicionales y artesanales de India hasta las principales marcas internacionales.

Alojamiento

Puedes optar por hospedarte en las elegantes habitaciones de la OSHO Guesthouse, o bien, para estancias más largas en el campus, elegir uno de los programas OSHO Living-In. Además, hay una amplia variedad de hoteles y apartamentos con servicios en las cercanías.

www.osho.com/meditationresort

www.osho.com/guesthouse

www.osho.com/livingin

Para más información:

www.OSHO.com

Un sitio web multilingüe y completo que incluye una revista, libros de OSHO, charlas de OSHO en formatos de audio y video, el archivo textual de la Biblioteca OSHO en inglés e hindi, así como amplia información sobre las Meditaciones OSHO.

También encontrarás el calendario de programas de la OSHO Multiversity y detalles sobre el OSHO International Meditation Resort.

Sitios web:

www.OSHO.com/AllAboutOSHO
www.OSHOtimes.com
www.Facebook.com/OSHO.international
www.YouTube.com/OSHOinternational
www.Twitter.com/OSHO
www.Instagram.com/OSHOinternational

Para contactar con OSHO International Foundation:
www.osho.com/oshointernational
oshointernational@oshointernational.com